Was wäre, wenn wir fliegen könnten?

Gedankenspiele und Wissenswertes für Kinder und Erwachsene

© Peter Riedel

Isabelle Auerbach wurde 1972 in Genf geboren und wuchs in Mainz auf. Nach ihrem Germanistik-Studium in München und verschiedenen Auslandsaufenthalten arbeitet sie seit 1998 als freie Journalistin beim Hörfunk des Bayerischen Rundfunks für die Redaktionen Kinder, Familie und Kultur. Zusammen mit ihrem Mann und ihren beiden Töchtern lebt sie in München.
Von Isabelle Auerbach sind außerdem die Titel *Haben Hühner einen Bauchnabel?* und *Kriegen Eisbären eine Gänsehaut?* im Carlsen Verlag lieferbar.

© Gert Mothes

Yvonne Weindel wurde 1973 in Mainz geboren. Nach ihrem Tanzstudium an der Hochschule für Musik und Theater in Leipzig absolvierte sie ein Volontariat beim SWR. Im Anschluss folgte eine mehrjährige Mitarbeit für die Fernsehredaktionen Kultur und Musik des SWR. Seit 2005 arbeitet sie als freie Autorin und lebt mit ihrem Mann und ihren drei Kindern in Leipzig.

Isabelle Auerbach
Yvonne Weindel

WAS WÄRE, WENN WIR FLIEGEN KÖNNTEN?

Gedankenspiele und Wissenswertes
für Kinder und Erwachsene

Mit Illustrationen von Anja Filler

CARLSEN

Veröffentlicht im Carlsen Verlag
September 2010
Mit freundlicher Genehmigung des Ullstein Verlages

Umschlagbild: Anja Filler
Umschlaggestaltung: formlabor
Corporate Design Taschenbuch: Dörte Dosse
Druck und Bindung: GGP Media GmbH, Pößneck
ISBN 978-3-551-35959-9
Printed in Germany

Alle Bücher im Internet: www.carlsen.de

Für unsere Kinder

Ella, Luisa, Maxim, Elena und Lucia

Inhaltsverzeichnis

= Diese Texte eignen sich besonders gut zum Vorlesen

II Vom Superhirn bis zur Sonnenfinsternis

III Vom Zeitanhalten bis zum Besuch bei Gott

IV Vom Zurückschauen bis zum Hellsehen

V Vom Träumen bis zum Wünschen

Liebe Leserinnen und Leser!

Was wäre, wenn wir alles schon von Geburt an wüssten?

Dann gäbe es dieses Buch nicht. Für uns Autorinnen wäre das schade und für euch LeserInnen hoffentlich auch. Denn unser Buch mit den Was-wäre-wenn-Spielen soll euch ermuntern, mal in ganz andere Richtungen zu denken und dadurch Spannendes und Neues zu erfahren.

Was wäre, wenn eure Gedanken sich beim Lesen wie Dominosteine antippen würden?

Wunderbar! Mit diesem Buch möchten wir eure Welt auf den Kopf stellen, euch zum Träumen, Fantasieren und Nachdenken anregen, euch entführen ins Land der tausend Möglichkeiten. Was würdet ihr sagen zu einer Welt ohne Erwachsene oder ohne Sonnenlicht? Zu einem Leben mit einem Roboter als Freund? Oder mit einem König als Weltherrscher? Manche Dinge passieren in unserem Leben, andere nicht. Warum? Vielleicht liegt es daran, in welchem Land und in welcher Familie wir leben? Oder würdet ihr gerne ein anderes Leben führen, wenn ihr in die Zukunft schauen könntet?

Wie schön, dass wir uns einfach davonträumen können, in all den Was-wäre-wenn-Ideen. Kommt doch einfach mit uns in den Jemen zu dem Mädchen Baara. Sie hat euch beschrieben, wie sie ganz ohne Strom auskommt. Oder besucht Almendra aus Peru und Tobias und Tillmann aus Berlin. Sie haben uns Antworten auf die Frage gegeben: *Was wäre, wenn Kolumbus Amerika nicht entdeckt hätte?*

Sicher könnt ihr bei manchen Themen aufatmen und denken: »Zum Glück ist es so nicht!«, wie etwa bei: *Was wäre, wenn alle Menschen von der Erde verschwinden würden?* Oder: *Was wäre, wenn die Saurier nicht ausgestorben wären?* So manches Mal kommt euch aber vermutlich auch der Gedanke: »Ach, schade, so könnte es noch viel schöner und einfacher sein, so wäre die Welt perfekt!«, wie zum Beispiel beim Kapitel *Was wäre, wenn wir keine Fehler machen würden?* oder *… wenn wir fliegen könnten?*

Die Welt ist voller Rätsel und voller Fragen, die keiner stellt, weil sie so verrückt klingen. Wir haben für dieses Buch einige Fragen ausgesucht und begeben uns mit euch auf die Suche nach allen möglichen Antworten und Spinnereien – mal sehen, was wäre, wenn sie am Ende gar nicht so falsch sind?

Auch ihr könnt mitmachen …

In unserem Mitmach-Kapitel am Schluss dürft ihr das ganze Was-wäre-wenn-Grübeln in ein Spiel verwandeln und euer neues Wissen ausprobieren. Also, los geht's, jetzt seid ihr dran.

Einige Kinder haben uns ihre Ideen, Wünsche und Gedanken schon mitgeteilt. Ihr findet sie unter der Überschrift »Was sagt ihr dazu?« Außerdem haben uns viele Kinder aus ganz Deutschland ihre eigenen fantasievollen Was-wäre-wenn-Geschichten geschrieben. Mit all ihren Texten könnten wir ein mehrbändiges Lexikon füllen. Leider haben wir in unserem Buch zu wenig Platz, deshalb mussten wir schweren Herzens eine Auswahl treffen.

Unser besonderer Dank geht zunächst an alle Kinder, die bei den Gedankenspielen mit Freude mitgemacht haben und uns ihre Wünsche, Fantasien und Ideen aufgeschrieben oder erzählt haben.

Außerdem bedanken wir uns bei allen Experten, die sich Zeit genommen haben, mit einem Augenzwinkern auf die Was-wäre-wenn-Fragen zu antworten. Uns Autorinnen haben sie mit neuen Denkanstößen und Wissen gefüttert – ohne die wir das Buch nie hätten schreiben können.

Unseren Familien danken wir für alles.

Eure Isabelle Auerbach und Yvonne Weindel

im Juni 2009

I

Vom Winterschläfer
bis zum Pferdeflüsterer

1 Was wäre, wenn wir uns in Tiere verwandeln könnten?

Einmal die Welt mit den Augen einer Vogelspinne sehen? Den gefräßigen Hunger eines Sibirischen Tigers haben oder als Rennpferd den Reiter ins Gras abwerfen? Es wäre spannend, einmal wirklich mit Haut und Haar ein Tier zu sein: so zu fühlen, zu denken und zu leben.

Was sagt ihr dazu?

Felix, Julian und Felicitas, 10, 10 und 9 Jahre, aus Mainz:

Felix: Wenn ich mich in irgendein Tier verwandeln könnte, müsste es ein noch unerforschtes Tier sein, weil die noch nicht in Zoos eingesperrt wären. Im Regenwald würde ich dann am liebsten wohnen.
Julian: Ich wäre am liebsten ein Sprunghund, würde bei Wettbewerben mitmachen. Ich könnte dann, wenn ich ein Hund wäre, schneller rennen als jetzt und mit meinem Herrchen spielen.
Felicitas: Ich würde mich in ein Chamäleon verwandeln, weil ich Lust hätte, viele Farben zu haben, und mich dann tarnen könnte. Wenn ich auf einen Baum klettere, werde ich plötzlich braun, auf einem Krokodil grün, im Schnee dann weiß.

Affenalltag im Zoo

Morgens um sieben Uhr geht im Schlafraum der Schimpansen das Licht an. Aufstehzeit für die große Affenherde im Zoo. Alle springen aus ihren Betten. Das sind selbstgebaute Nester aus Holzwolle, in denen die Affenmütter mit ihren Kindern schlafen. Das Frühstück lockt, wie jeden Morgen gibt es Gemüse. Keine Zähne putzen, keine Kleider anziehen, los geht der Tag der Affenkinder. Schule gibt es nicht, und doch müssen die Affenkinder eine Menge lernen. Das Wichtigste: Wer ist der Chef? Bei den Schimpansen gibt es eine klare *Rangordnung,* jedes Tier hat seinen Platz in der Herde und so müssen auch die Affenkinder lernen, wo sie hingehören und wie sie sich verhalten. Einem alten, starken Affenmännchen das Frühstück wegmopsen ist gefährlich, da gibt es Ärger, mit Schlägen und Bissen. Also bleiben die Affenkinder bis zu ihrem 6. Lebensjahr in der Nähe der Mütter, da kann nichts schief gehen und sie lernen gleich Nützliches: wie man zum Beispiel einen Stock so geschickt anknabbert, dass man damit die Ameisen aus ihren Erdlöchern herauspicken kann. Das üben die Affenkinder selbst im Zoo. Zwischendurch wird getobt. Denn Affenkinder wollen auch ihren Spaß. Sie balgen sich, schlagen Purzelbäume und necken auch mal die alten Affen … Doch am allerliebsten schlafen die Schimpansen. So wird nach einem ausgiebigen Frühstück, egal ob im Zoo oder in der Wildnis, erst mal gefaulenzt, bis der nächste Hunger lockt und die Affenherde wieder auf Futtersuche geht. Fressen und schlafen und wieder fressen und schlafen, das ist ein Affenleben. Wenn der Zoowärter am Abend die Besucher aus dem Affenhaus schickt, ist es sechs Uhr. Wie immer gibt es noch was zum Abendbrot: Blätter, Heu und

Obst zum Nachtisch. Dann kuscheln sich die Affenkinder an ihre Mütter und machen, was sie am liebsten tun: schlafen. Wäre das was für euch?

Eine Wölfin als Mutter

Ein Baby liegt am Feldrand und schreit, doch niemand kommt und kümmert sich. Nur eine Wölfin wird vom Weinen des Säuglings angelockt, trägt das Kind in ihre Höhle und säugt es. Das Menschenkind überlebt in der Wildnis. Es wird von der Wolfsmutter versorgt, mit rohem Fleisch. Es lernt, auf allen vieren zu laufen wie ein Wolf. Zu heulen und zu knurren wie seine Wolfsmutter und mit dem Rudel auf Jagd zu gehen.

1920 soll Kamala, das Wolfskind, in Indien von Menschen entdeckt worden sein. Das damals siebenjährige Mädchen Kamala kam in ein Waisenhaus. Doch sie ließ sich nicht anziehen, sondern kratzte und biss. Sie aß nur ungekochte, rohe Speisen. Sie konnte nicht sprechen und nicht aufrecht gehen. Kamala war erzogen worden wie ein Wolf. Sie war ein Mensch, der sich wie ein wildes Tier verhielt.

Ob die Geschichte von Kamala wahr ist, lässt sich schwer beweisen, auch wenn es alte Schwarzweißfotos von der kleinen, nackten Kamala gibt, als man sie bei ihrer Wolfsmutter gefunden hat. Es bleibt ein Rätsel, ob ein Menschenkind wirklich ein wildes Tier werden kann und eine Wölfin wirklich seine Mutter.

Mit den Tieren auf Du und Du

Viele Menschen haben die große Sehnsucht, Tieren sehr nah zu sein, sie zu verstehen, ein Leben wie sie zu führen. Gerade Wissenschaftler oder Tierschützer nähern sich, anders als das Wolfskind Kamala, freiwillig den Tieren. So können sie in nächster Nähe das Tierleben studieren. *Dian Fossey* war eine solche Tierschützerin. Sie hat über 20 Jahre lang immer wieder bei den Berggorillas im Dschungel gelebt. Mit viel Geduld näherte sie sich anfangs den Affen, dabei machte sie die Fressgeräusche der Tiere nach, brach Äste ab und aß die Blätter davon. So verloren die Gorillas die Angst vor der Unbekannten und beobachteten sie still aus der Ferne. Wochen, ja Monate vergingen, bis die Gorillas der Frau ganz vertrauten. Schließlich kamen die Tiere in ihre Nähe, berührten ihr Gesicht voller Neugierde und Vorsicht. Sie teilten das Essen mit ihr und ließen die Jungtiere in ihrem Schoß schlafen. Ja, erkannten sie sogar Jahre später wieder. Die Gorillas hatten die Fremde in ihre Herde aufgenommen – einen Menschen als Artgenossen. Mit Haut und Haaren wird ein Mensch niemals ein echtes Tier, doch mit seinen Gefühlen und seinem Verhalten kann er das Leben der Tiere ganz direkt erleben. Wenn auch nur für eine gewisse Zeit.

2 Was wäre, wenn wir Winterschlaf halten könnten?

Was sagt ihr dazu?

Andi, Christian und Lea, 10 Jahre, aus München:

Andi: Wenn ich Winterschlaf halten müsste, wäre das gar nicht schön, denn ich finde, der Winter ist eine sehr schöne Jahreszeit – mit Weihnachten und allem anderen. Wenn ich das verschlafe, wäre das einfach schade. Ski fahren könnte ich dann auch nicht mehr, denn wenn ich aufwache, wäre alles schon wieder weggetaut.
Christian: Ich fände das auch nicht schön, wenn ich alles verpasse durch den Winterschlaf, Schneemänner bauen, Ski fahren oder rodeln, aber man könnte als Ausgleich im Sommer in solche Skihallen gehen.
Lea: Ich fände es ziemlich doof. Denn wenn man Winterschlaf hält, dann könnte man im Frühling, Sommer und Herbst nicht mehr schlafen.

Andi, Christian und Lea sind sich einig: Der Winter ist toll! Nur gut, dass die Tiere, die Winterschlaf halten, nicht wissen, was sie in dieser kalten Jahreszeit verpassen. Denn viele Insekten, Reptilien und sogar Säugetiere »verschlafen« den Winter. Sie verfallen in *Winterstarre*, halten *Winterruhe* oder *Winterschlaf*. Dabei kuscheln sie sich in Höhlen, Baumstämme oder Mäusegänge und lassen den Winter Winter sein.

Einige Frösche zum Beispiel verkriechen sich im Schlamm und fallen in Winterstarre. Der Schlamm gefriert selten, deshalb sind sie dort bis zum Frühjahr sicher. Sie vorzeitig aufzuwecken ist dann gar nicht so einfach. Winterruhe hingegen halten etwa Dachs, Eichhörnchen und Braunbär. Während der Winterruhe sinkt die Körpertemperatur herab und das Herz schlägt langsamer. Der Körper fährt auf »Sparflamme« und braucht bis zu 20-mal weniger Energie als im Wachzustand. In dieser Ruhezeit wachen die Tiere immer mal wieder auf und futtern ein bisschen.

Winterschlaf bei Säugetieren heißt Fastenzeit

Bei einigen Säugetieren, die Winterschlaf halten, ist das anders: Igel, Murmeltier und Fledermaus fressen in dieser Zeit nichts. Am längsten unter den Säugetieren schafft das der Siebenschläfer. Er kommt nämlich sieben Monate ohne Futter aus, und zwar von November bis Mai. Wenn dieses kleine Nagetier aufwacht, dann nur, um seine Schlafposition zu wechseln – und schwups, schon wird weitergeratzt. Haben es die Tiere nicht gut? Sie frieren nicht und müssen sich nicht mit Erkältungen herumschlagen. Und kaum wird's draußen warm, wachen sie von selbst wieder auf.

Siebenschläfer-Glück

Ein kurzes Gedankenspiel, stellt euch vor: ihr seid ein Siebenschläfer. Im August beginnt ihr damit, euch Winterspeck anzufuttern. Das heißt, auf eurem Speiseplan stehen nur noch Pommes, Pizza, Schokolade, Nüsse und süße Sahne. Das hört sich doch nach einem echten Siebenschläfer-Glück an, oder? Im September kommt der Dachboden dran: Ihr sucht euch eine kuschelige Ecke aus, in die ihr einen flauschigen Teppich oder eine Decke legt. Im Oktober schreibt ihr eurem Schuldirektor einen Brief, in dem ihr euch für die nächsten sieben Monate entschuldigt. Schließlich könnt ihr doch auch im Schlaf lernen, so heißt es zumindest immer. Ihr meldet euch noch bei allen Freunden ab und bittet eure Eltern, euch wirklich nicht zu stören. Dann geht's ab ins gemütliche Dachbodenlager, wo euch sieben Monate lang himmlische Ruhe erwartet. Beruhigt kuschelt ihr euch ein und hofft, dass ihr tatsächlich pünktlich zum Frühlingsanfang wieder aufwacht ...

Winterschlaf für Menschen?

Nein, Spaß beiseite. Menschen können keinen Winterschlaf halten. Wozu auch? Anders als viele Tiere brauchen wir ihn nicht zum Überleben. Lebensmittel gibt es schließlich auch im Winter und Heizungen sorgen für genügend Wärme.

Aber manchmal wäre es vielleicht doch nützlich: Die amerikanische Weltraumbehörde NASA träumt davon, Astronauten in einen monatelangen Tiefschlaf zu versetzen. Dann stünde auch ganz weiten Flügen zu fernen Galaxien nichts mehr im Wege. Bisher gelingt das nur mit unbemannten Raumfähren. Schließlich kann sich kein Astronaut so lange in enge Raumkapseln zwängen.

Welche Gene steuern den Winterschlaf?

Wie kann der Mensch künstlich in einen Winterschlaf versetzt werden?, fragen sich deswegen die Forscher. Bis jetzt haben sie wichtige Gene gefunden, die den Winterschlaf im Körper der Säugetiere steuern. Diese Gene lassen sich an- und abschalten und zum Beispiel das Herz langsamer schlagen. Bei Tieren klappt das schon.

Kaum zu glauben:

Den Winterschlaf-Weltrekord hat ein australisches Beuteltier aufgestellt: Es hat 367 Tage am Stück geschlafen. Damit es so lange durchhalten konnte, hatte ein australischer Biologe das Beuteltier zuvor in seinem Schlaflabor ordentlich gefüttert. Mit vollem Bauch schläft es sich nun einmal besser – zumindest gilt das für Beuteltiere. Der Biologe konnte nach seinem Experiment feststellen, dass Beutelschläfer 20-mal weniger Energie brauchen als im Wachzustand.

Wahr-
heit.

3 Was wäre, wenn Lügner lange Nasen bekämen?

Ein Holzklotz wird zu einer Puppe geschnitzt – zu einer lebendigen Puppe namens Pinocchio. Dieser Pinocchio benimmt sich wie ein kleiner, frecher Junge. Immer auf der Suche nach Abenteuern zieht er in die Welt. Doch wehe, wenn er etwas angestellt hat und sich mit einer Notlüge davonstehlen möchte, dann wächst seine hölzerne Nase. Sie wächst und wächst und ist nicht mehr zu stoppen, bis Pinocchio mit seiner Flunkerei aufhört.

Doch wie wäre es für euch, beim Lügen eine Riesennase zu bekommen? Oder bei euren Freunden, Eltern oder Lehrern der Nase beim Wachsen zuzusehen?

Lügen haben kurze Beine

Mit Lügen kommt man nicht weit – genauso wie mit kurzen Beinen, so sagt das Sprichwort. Wie geht es euch bei einer Lüge? Eure Nase wächst zwar nicht, aber vielleicht bekommt ihr einen roten Kopf oder unruhige Hände? Irgendwie ist Lügen unangenehm und peinlich, auch wenn wir alle schon einmal gelogen haben.

Kleine Notlügen kennt ihr sicher: Wenn man sich nicht so richtig über ein Geburtstagsgeschenk freut oder der Kuchen so gar nicht geschmeckt hat, was sagt man dann? Die

Wahrheit? Oder erfindet ihr lieber eine Notlüge, um höflich zu sein und niemanden zu kränken?

Doch was ist, wenn ihr lieber mit eurem Freund Fußball spielen wollt, statt Hausaufgaben zu machen – dann sagt ihr eurer Mutter scheinheilig: »Nö, heute haben wir nichts aufbekommen in der Schule.« Ihr lügt und täuscht eure Mutter, um euer Ziel zu erreichen.

Auch Tiere können lügen

Ganz so machen es auch die Menschenaffen und beweisen damit den Forschern, dass Lügen ganz schön tierisch sein kann.

Die Schimpansendame Lucy hat aus Versehen ein großes, stinkendes Geschäft gemacht, mitten in den Übungsraum im Zoo, wo sie mit ihrem Sprachlehrer Richard eine Zeichensprache trainiert. Ihr Sprachlehrer stellt sie zur Rede und es entwickelt sich folgendes Gespräch zwischen Richard und der Affendame Lucy – natürlich in der Zeichensprache:

Richard: »Was ist das?«
Affe Lucy: »Lucy nicht wissen.«
Richard: »Du wissen. Was das?«
Affe Lucy: »Schmutzig, schmutzig.«
Richard: »Wessen schmutzig, schmutzig?«
Affe Lucy: »Susis.« (Susi ist eine andere Lehrerin.)
Richard: »Das nicht Susi. Wessen das ist?«
Affe Lucy: »Richard.«
Richard: »Nein! Das nicht Richard. Wessen ist das?«
Affe Lucy: »Lucy schmutzig, schmutzig. Tut leid Lucy.«

Lucy macht es wie ein kleines Kind, das ertappt worden ist. Sie lügt, weil es ihr peinlich ist, ihr Ungeschick einzugestehen. Sie versucht erst mal, die Schuld auf andere zu schieben. Kommt euch das bekannt vor? Tja, wir sind unseren Verwandten ganz schön ähnlich. Affen lügen, Menschen lügen. Aus Scham wie der Affe Lucy oder aus Höflichkeit. Doch wir lügen auch, um anzugeben, um uns interessant zu machen, um uns einen Vorteil zu verschaffen oder unsere Fehler zu verbergen.

Macht Lügen Spaß?

Auch wenn wir uns dabei erst mal ziemlich clever fühlen, macht das Lügen das Leben nicht wirklich leichter, denn was ist, wenn die anderen meine Lüge entdecken? Was ist mit dem schlechten Gewissen, das uns nach einer Lüge plagt? Vielleicht wäre es also gar nicht so schlecht, eine lange Lügennase zu bekommen wie Pinocchio – dann wären wir sofort durchschaut und alle Sorgen mit der Lügerei los. Denn die Wahrheit zu sagen ist oft viel einfacher und bequemer als eine Lüge, für die man tausend Ausreden braucht und bei der man immer Angst haben muss, entdeckt zu werden.

Auf der Suche nach der Wahrheit

Doch was ist, wenn die Polizei ein schweres Verbrechen aufklären muss – sie braucht die Wahrheit und keine Lüge. Ein *Lügendetektor* soll dann den Täter überführen.

Wie funktioniert so eine Maschine: Während eines Verhörs wird der Verdächtigte an den Lügendetektor angeschlossen. Der misst den Herzschlag und die Atmung des Verhörten. Denn wer lügt, bekommt schneller Herzrasen oder gerät außer Atem.

Doch kann eine Maschine wirklich in unser Inneres sehen und die Wahrheit herausfinden? Und haben Lügner wirklich Herzrasen? Oder wären wir nicht alle furchtbar aufgeregt bei so einer Befragung und würden kurzatmig, auch wenn wir die Wahrheit sagen? Viele Länder, darunter auch Deutschland, trauen dem Lügendetektor daher nicht und setzen ihn auch nicht ein. Lügnern kommt man auch anders auf die Spur, das weiß die Polizei.

Kaum zu glauben:

Es gibt aber auch Lügen, die sind zum Brüllen komisch, wie zum Beispiel dieser Aprilscherz:

Am 1. April 1957 zeigte das britische Fernsehen einen Bericht über die Spaghetti-Ernte in Italien. In dem Film pflückten die Bauern ihre Spaghetti direkt von den Bäumen. Viele Zuschauer riefen daraufhin an und wollten wissen, ob Spaghetti tatsächlich an Bäumen wachsen und ob man sie auch im eigenen Garten anbauen kann. April, April!!!

4 Was wäre, wenn wir in eine andere Zeit reisen könnten?

Tun wir einmal so, als könnten wir uns eine Fahrkarte kaufen und in einen Zug einsteigen, der uns blitzschnell in die Vergangenheit fährt – ungefähr 900 Jahre zurück.

Die Bremsen quietschen, der Zug hält an und wir steigen mitten auf einem großen Marktplatz aus, in irgendeiner deutschen Kleinstadt. Dort herrscht reges Treiben: Schuh- und Hutmacher bieten ihre Waren neben Scherenschleifern und Kesselflickern feil. Kürschner handeln mit Ledertaschen und Brustbeuteln. Neben dem säuerlichen Fischgeruch duftet es herrlich nach frisch gebackenem Fladenbrot und Gewürzen, die die Händler aus fernen Ländern mitgebracht haben.

Na, wisst ihr schon, in welcher Zeit wir angekommen sind?

Genau, im *Mittelalter.* Über kaum eine andere Epoche wurden und werden so viele spannende Bücher geschrieben, Filme gedreht und Spiele erfunden wie über das Mittelalter. Schließlich ist in den rund 1000 Jahren, die das Mittelalter dauerte, auch ziemlich viel passiert.

Doch schnell zurück auf den Marktplatz, hinter dem eine stattliche Burg in den Himmel ragt. Lasst uns doch zu der Burg wandern. Vielleicht haben wir Glück und begegnen dem Burgfräulein höchstpersönlich. Huch, was ist das? Da liegt doch was, vorne auf dem Weg: zwei Bücher. Die Seiten sind vom Regen ganz aufgeweicht und die Tinte ist auf den meisten Seiten schon verwischt. Aber das hier können wir entziffern:

Aus dem Leben eines Burgfräuleins

»Anno 1250, den 18. Dez.: Meine Eltern haben mich ausgerechnet mit dem hässlichen Ritter Kunibert verheiratet. Er ist zwar sehr wohlhabend, aber warum dreht sich alles nur um Geld und Ansehen? Auf meine Gefühle nimmt keiner Rücksicht. Dass er ungebildet ist und nicht einmal lesen kann, das haben sie mir verschwiegen. Gott sei Dank kann ich lesen und schreiben, so kann ich wenigstens meiner Vorliebe frönen und mich in der Dichtkunst üben. Zum Glück habe ich Ritter Kunibert die letzten zwei Wochen kaum auf der Burg zu sehen bekommen. Er muss ja kämpfen. Trotzdem fühle ich mich mit all den Aufgaben auf dieser riesengroßen Burg alleine. Ich habe solche Sehnsucht nach meiner Familie: nach den stundenlangen Sticknachmittagen mit meinen Schwestern und nach meinem Lautenspiel. Wenn doch nur ein Minnesänger vorbeikäme und für mich ein Lied vortragen würde – das wäre mein größtes Glück und eine große Ehre für mich. Oje, hoffentlich bricht die Gänsefeder nicht, ich halte sie vor lauter Kälte viel zu steif und zu fest. Ich friere so und muss wohl gleich aufhören zu schreiben. Nur in der Küche ist es warm. Aber bei den Köchinnen möchte ich mich auch nicht dauernd aufhalten – ich kenne sie kaum. So, jetzt muss ich mich wie eine echte Herrin meinen Pflichten widmen. Oje, ich habe ganz vergessen, den Wein und das Fleisch zu bestellen für die große Tafelrunde nächste Woche.«

Das andere kann keiner lesen, alles voller Tintenkleckse. Hier liegt aber noch ein halb zerrissenes Tagebuch. Ob es jemand aus dem Fenster geworfen hat? Komisch. Dieses zweite Buch gehörte wohl einem Ritter:

»Anno 1320, den 3. März: Meine Eltern werden stolz auf mich sein, wenn sie morgen zu dem großen Fest, zur Schwertleite anreisen. Morgen werde ich mit ein paar anderen Knappen zum Ritter geschlagen. Mit gerade einmal 18 Jahren bin ich einer der jüngsten weit und breit. Endlich darf ich mit Schwert, Dolch und Lanze kämpfen. Es wurde auch Zeit, nach den vielen Jahren harter Ausbildung im Fechten und Reiten bei meinem Burgherrn. Heute bin ich schon einmal heimlich in die Ritterrüstung eines befreundeten Ritters geschlüpft. Oh Gott, das schwere Kettenhemd hing wie Blei an meinem Oberkörper, und in der Rüstung konnte ich mich kaum bewegen. Ungefähr 100 Kilogramm wird meine Rüstung wiegen. Gut, dass ich so stark bin. Eigentlich muss ich heute die ganze Nacht aufbleiben und in der Kirche mit den anderen beten, aber ich kann mich nicht richtig konzentrieren. Morgen, ganz früh, ist es endlich so weit: Ich werde zum Ritter geschlagen. Gleich nach dem Aufstehen muss ich zur Beichte gehen und dann meine ritterlichen Pflichten aufsagen. Ich schreibe sie noch einmal auf, so kann ich sie nicht vergessen: Ich schwöre, Recht und Glaube zu verteidigen, Schwache und Bedürftige zu schützen, den Landfrieden zu halten, Heiden zu bekämpfen und zu gehorchen im Heer. Ja, das war's. Hoffentlich wird der Schlag vom Ritter Eberhard mit dem Schwert auf meine Schultern nicht zu hart.

Oh, ich bin schon gespannt auf morgen. Eberhard wird dann feierlich sagen:

Zu Sankt Michaels und Sankt Georgs Ehr.
Empfange diesen Schlag und keinen mehr.
Sei bieder und gerecht.
Es ist besser Ritter sein als Knecht.

Ja, das ist es, das stimmt. Und ab morgen gehöre ich zu diesen Besseren. Alle aus meiner Familie werden bei diesem großen Festtag dabei sein, sogar mein Bruder, der schon Mönch geworden ist. Dann kann ich auch zeigen, wie gut ich die Regeln beherrsche. Ich werde mich vorbildlich bei der Tafel benehmen und anständig essen. Meine Familie wird stolz auf mich sein. Am meisten freue ich mich auf das große Fest danach, auf die Schwertleite und auf mein Geschenk. Mein guter Burgherr ist nämlich sehr großzügig und schenkt mir ein richtiges Schwert.«

Durch diese Tagebucheintragungen habt ihr einen kleinen Einblick in zwei unterschiedliche Leben aus dem Mittelalter gewonnen. In dieser Zeit war alles anders. Die Abstammung bestimmte, was aus Jungen und Mädchen wurde. War man als Sohn eines Grafen geboren, durfte man noch mit zehn Jahren im Burgzimmer spielen, der Klosterschüler musste Latein pauken und die Bauerstochter schon bei der Ernte auf den Feldern mit anpacken.

Was wäre, wenn ihr in eine andere Epoche reisen könntet? Würdet ihr euch auch das Mittelalter aussuchen?

Und was sagt ihr dazu?

Felix und Julian, 10 Jahre, Felicitas, 9 Jahre, Charlotte und Sarah, 8 Jahre, aus Mainz

Felix: Ich wäre gerne in der Zukunft. Da wäre ich ein Roboter und würde elektronische Geräte ausprobieren.
Felicitas: Erst würde ich im Mittelalter landen. Da ginge ich auf eine Burg und würde gucken, wie die Leute so gelebt haben und was die für Kleider anhatten. Und dann würde ich in die Steinzeit reisen, um »Ugugugugu«-Laute zu machen.
Charlotte: Als Erstes würde ich mich in die Dinozeit schnipsen und mal gucken, wie die Babys schlüpfen und wie groß der Tyrannosaurus Rex in Wirklichkeit ist.
Julian: Ich wäre auch gerne in der Dinozeit. Allerdings lieber als Flugsaurier, weil die alles überblicken und fliegen können und ich gerne fliege.
Sarah: Ich würde gerne mal ins alte Ägypten reisen, um herauszufinden, wie sie ihre Toten eingewickelt haben. Außerdem würde mich interessieren, ob auch die Untertanen in Pyramiden gelegt oder einfach vergraben wurden. Ich wäre da eine Königin mit einem Zepter.

SPIELZEUG
FABRIK
auch
CHEF

5 Was wäre, wenn ihr das Geld verdienen müsstet?

Sarah, 10 Jahre, aus Jockgrim:

Dann hätte ich eine eigene Tierpension mit ganz vielen Tieren, um die ich mich kümmere. In der Woche bekomme ich 800 Euro. Ich kaufe mir ein tolles Haus und ein Auto. Jeden Tag muss ich um acht Uhr raus, und mein Haus liegt genau neben der Tierpension. Neben unserem Haus ist ein kleiner Spielplatz. Meine Kinder dürfen sich auch manchmal um die Tiere kümmern. Ich wohne in New York. Meine Kinder heißen Zoy und Max. Wir sind eine glückliche Familie und haben viel Geld.

Jonathan, 9 Jahre, aus Jockgrim:

Ich würde jeden Monat 60 Prozent meines Lohns zurücklegen. Dann würde ich mir ein großes Haus bauen, mir ein riesengroßes Grundstück kaufen. Schließlich würde ich mir ein Auto und einen Hubschrauber kaufen. In meinem Garten würde ich fünf gezähmte Tiger, sechs Löwen, drei Leoparden, einen Gepard, zwei Elefanten, ein Zebra, drei Gnus und drei Krokodile und ein paar Gorillas halten. Im Haus würden vier Hunde, eine Katze und drei Meerschweinchen wohnen. Bis Mittag würde ich arbeiten und den Rest des Tages mit meinen Tieren spielen. Dann würde ich mit dem Hubschrauber eine Weltreise machen.

Nicolas, 10 Jahre, aus Jockgrim:

Dann wollte ich Jetski-Fahrer werden und Jetski-Rennen fahren in verschiedenen Ländern, in Europa, in Berlin, in Amerika. Ich würde sogar um die Welt reisen, und wenn ich dann genug Geld hätte, würde ich wieder nach Hause zurückkommen und von dem Geld leben, und wenn das Geld fast alle wäre, würde ich wieder Rennen fahren.

AUTSCH!
Hol den Ball!

6 Was wäre, wenn wir uns mit Tieren und Pflanzen unterhalten könnten?

Was sagt ihr dazu?

Julian, Marc und Charlotte, 10, 10, und 8 Jahre, aus Mainz:

Julian: Die Pflanzen würde ich fragen: Darf ich dich essen oder bist du giftig?
Charlotte: Ich würde mich mit den Karotten in meinem Beet unterhalten. Ich würde sie fragen, ob sie langsam gegessen werden wollen und ob ich sie ziehen soll, damit sie frische Luft kriegen, und wie es in der Dunkelheit ist.
Marc: Ich würde die Tiere fragen, wie sie es finden, dass sie manchmal gegessen werden, und wie alt sie sind und ob es eine Tierschule gibt.

Im Märchen ist es einfach, da sprechen Prinzessinnen mit verwunschenen Fröschen und Bären, kümmern sich um Zauberblumen, als wären sie ihre Kinder. Auch im wirklichen Leben unterhalten wir uns mit Tieren und Pflanzen, doch verstehen sie uns auch?

Franz von Assisi – ein Mann spricht mit dem Wolf

Noch heute erzählen wir uns die alte Geschichte über den Mönch Franz aus der italienischen Stadt Assisi. Er lebte im

Mittelalter und war bekannt als Tierfreund und Pflanzenliebhaber. Eines Tages, so heißt es, geschah etwas Unglaubliches:

Es war Winter in Italien, die Erde war schneebedeckt. Die Einwohner eines kleinen Dorfes riefen den Mönch Franz zur Hilfe, denn ein hungriger, wilder Wolf schlich um das Dorf und griff alles an, was ihm über den Weg lief: Lämmer, Kinder, verirrte Bettler. Franz traf im nahen Wald auf den ausgehungerten Wolf. »Bruder Wolf, komm zu mir!«, sagte er. Der Wolf näherte sich folgsam und legte seine Tatze in die Hand von Franz. »Ich möchte, dass zwischen dir und den Leuten aus dem Dorf Friede herrscht.« Doch der Wolf antwortete: »Ich habe Hunger, Franz!« – »Bruder Wolf«, sprach Franz, »wenn du dich änderst, dann verspreche ich dir ein glückliches Leben im Dorf.« Seit jenem Tag brachten die Menschen dem Wolf täglich einen Teil ihres eigenen Essens und er ließ sie in Ruhe.

Die Menschen, damals wie heute, sind so beeindruckt von diesem Wunder, dass wir den Mönch Franz von Assisi als Heiligen verehren.

Die Geheimsprache der Tiere

Tiere unterhalten sich genauso wie wir Menschen. Jede Tierart hat ihre eigene Sprache. Die jungen Vögel lernen den Gesang ihrer Eltern, so wie ein Baby »Mama« und »Papa« lernt. Ein Affenkind weiß recht schnell, welcher Schrei der Mutter Gefahr bedeutet, welcher Fressen. Doch die Sprache der Tiere ist für unsere Ohren eine Geheimsprache, nicht nur, weil wir sie nicht verstehen: Manchmal können wir sie nicht einmal hören. Ruft ein Elefantenmann seine Frau, stößt er tiefe Töne aus. Über viele Kilometer weit sind sie zu hören, so laut wie ein Presslufthammer schallen sie durch die afrikanische Steppe. Doch wir hören von alledem gar nichts, denn für unsere Menschenohren sind die wuchtigen Elefantentöne viel zu tief. Die gerufene Elefantenkuh jedoch spürt in ihrem Körper die Schwingungen der tiefen Brummtöne, die *Infraschallsignale* des Elefantenbullen, und weiß, was er ihr mitteilen möchte: Mal wird ein guter Futterplatz bekannt gegeben, mal ein gerade entdecktes Wasserloch, oder er warnt vor dem nahenden Tiger.

Doch die Elefantensprache hat noch viel mehr zu bieten, auch jede Menge Töne, die wir hören können. Da gibt es natürlich das freudige Trompeten zur Begrüßung, aber auch ein Grollen und Brüllen, ein Grunzen und Kreischen. 70 verschiedene Töne haben die Forscher gezählt. Sie alle müssen die Elefantenbabys lernen, genau wie wir unsere Sprache. Erst nach einem Jahr beherrschen junge Elefanten das ganze Elefanten-ABC und können dann so richtig lostrompeten.

Pflanzensprache

Auch Pflanzen können sprechen, wer hätte das gedacht. Ohne Stimme und Töne natürlich, sondern mit Duftstoffen. Und das geht so: Wenn in der Savanne eine Giraffe an einer Akazie knabbert, dann gibt die Akazie bestimmte Duftstoffe ab, die alle weiteren Akazienbäume rundherum warnen. Nach dem Motto: »Achtung, Achtung, Giraffe hat Hunger, Achtung, Achtung«. Die gewarnten Akazien bilden dann schnell einen Bitterstoff in ihren Blättern, so dass der Giraffe beim nächsten Akazienbaum der Appetit vergeht.

Doch auch die Giraffen sind nicht dumm – sie fressen deshalb die Akazien immer gegen den Wind ab, damit sich die Pflanzen nicht heimlich verständigen können.

Kaum zu glauben:

Der schwarz-weiße Border-Colli Rico ist ein ganz besonders kluges Hundeköpfchen. Er hat den Tierforschern bewiesen, wie gut Hunde unsere Sprache verstehen und lernen können. 200 Wörter kennt Rico und kann sie den jeweiligen Gegenständen zuordnen. Ob Ball, Teddy oder Hausschuh, Rico hat die Wörter gelernt und bringt seinem Herrchen die richtigen Dinge. Verständigung zwischen Mensch, Tier und Pflanze ist also kein Wunschtraum, nur dass wir Menschen dabei viel zu viel reden und zu wenig zuhören.

KAU
KAU
KAUG

7 Was wäre, wenn Insekten Lungen hätten?

Wenn Insekten wie andere Tiere eine Lunge hätten, dann könnten sie riesengroß werden. Wer viel Luft in seinen Körper bekommt, kann auch entsprechend Masse entwickeln. Denkt nur an Elefanten oder Giraffen. Sie haben wie wir Menschen Lungen. Riesenlungen, fünfzehn Mal so groß wie unsere.

Hätte nun ein kleiner Grashüpfer eine Lunge, er könnte tatsächlich so groß wie ein Elefant werden oder ein Marienkäfer würde ein furchterregender Riesenfalter von der Größe eines Nashorns. Nicht auszudenken, was aus den vielen kleinen Mücken und Schmetterlingen würde, die uns plötzlich alle, in der Größe von Hasen oder Meerschweinchen umschwirrten. Aber ob diese Insektenriesen überhaupt noch fliegen könnten? Sicher nicht, denn allein ihr Panzer würde durch das Wachstum so schwer werden, dass sie nicht mehr vom Boden abheben könnten.

Vermutlich wäre die Natur voller schwerfällig dahinkrabbelnder Riesen-Käfer, Riesen-Mücken und Riesen-Tausendfüßler. Ein Picknick auf der Sommerwiese wäre kein wirkliches Vergnügen mehr. Es sei denn, man baute sich einen meterhohen Zaun um die Picknickdecke, der die hungrigen Rieseninsekten von den Leckereien fernhält.

Insekten wären die reinsten Krachmacher

Jeder kennt das Zirpen der Grillen, das nervige Surren der Stechmücke. Woher kommen die Laute? Die Insekten haben ja keine Lunge, keine Stimmbänder, keinen Kehlkopf wie andere Tiere und können sich trotzdem unterhalten. Die Insekten haben ihre eigene Sprache, ganz ohne Lunge und Luft. Sie machen Geräusche mit ihrem Körper. Die Mistkäfer klopfen mit ihren Bäuchen. Die Heuschrecken reiben ihre Hinterbeine aneinander. Und die Stechmücke hören wir nachts um unser Bett surren, dabei sind es nur die Luftschwingungen ihrer winzig kleinen, zarten Flügel, die so einen Lärm machen.

Hätten nun die Insekten Lungen, so wäre es vorbei mit dem Summen und Brummen. Die Insekten müssten sich dann nicht mehr mit ihren Körperteilen unterhalten, sondern könnten wie Tiger, Hund, Pferd oder wir Menschen mit viel Luft aus Leibeskräften brüllen, bellen, wiehern oder schreien. Im Frühlingsgarten hätten wir einen lauten Chor mit unzähligen Insektenstimmen, der sicher jeden Straßenlärm übertönen würde.

Wie atmen Insekten?

Aber zum Glück ist es nicht so. Insekten haben keine Lungen, sondern sie nutzen *Tracheen* zum Atmen, eine Art Röhrensystem. Sie holen auch nicht mit Nase und Mund Luft, so wie wir Menschen. Bei ihnen gelangt die Luft durch viele kleine Löcher entlang ihres Körpers ins Innere, bis in die Tracheen. Dort verteilt sich die Luft dann weiter, über feine Röhrchen kreuz und quer in alle Körperteile. So kommt es auch, dass z. B. eine Fliege ihren Kopf unter Wasser halten kann, ohne zu ertrinken. Erst wenn ihr gesamter Körper ins Wasser fällt, stirbt sie, da sie nicht mehr atmen kann.

Der größte Käfer der Erde

Wie gut also, dass die Natur die Insekten ohne Lungen, sondern mit den Tracheen ausgestattet hat. So können Insekten nicht wirklich laut und nicht wirklich groß werden. Bei 15 Zentimetern ist Schluss, sagen die Insektenforscher. Weil den Insekten dann die Luft ausgeht. Das größte Insekt der Erde, der Riesenbockkäfer, der in den tropischen Regenwäldern Südamerikas lebt, hat diese Größe. Wenn er fliegt, hören wir seine Flügel brummen, wie bei allen Käfern – nur ziemlich laut.

Kaum zu glauben:

Vor rund 300 Millionen Jahren gab es eine Libellenart, die eine Flügelspannweite von 70 Zentimetern besaß. Also doch ein Rieseninsekt? Ja, dieses große Insekt konnte damals existieren, da auf der Erde noch mehr Sauerstoff als heute vorhanden war.

Traum
Ruhe
Eiwei
001
100

8 Was wäre, wenn wir nie schlafen müssten?

Was sagt ihr dazu?

Julian, Marc und Felix, 9 und 10 Jahre, aus Mainz:

Julian: Es wäre toll, wenn man am Wochenende gar nicht schlafen müsste. Aber nur, wenn es dann auch die ganze Zeit draußen hell bliebe. Dann würde ich mit Freunden auf der Straße fangen spielen oder ganz viele Filme gucken und ins Kino gehen.
Aber wenn es dunkel wird, dann kann man irgendwann nichts mehr sehen und dann schläft man automatisch ein.
Marc: Das fände ich eigentlich nicht so gut. Ich bleibe zwar schon gerne lange auf. Aber an Schultagen ist es nicht so gut, weil man sich am nächsten Morgen nicht mehr konzentrieren kann.
Felix: Ich würde gerne wach bleiben, wenn es irgendein Geburtstag ist und laut Musik läuft. Aber wenn es ganz ruhig im Haus ist, dann gehe ich auch gerne ins Bett und ruhe mich aus.

Ach, müssten wir doch nie ins Bett! Wir hätten viel mehr Zeit zum Spielen, Lesen, Quatschmachen, Lachen, Reisen und so weiter. Etwa ein Drittel unseres Lebens verschlafen wir nämlich. Wer zum Beispiel 78 Jahre alt wird, verbringt 26 Lebensjahre davon im Schlaf. Doch bevor wir über all die verlorene Zeit jammern: Ohne Schlaf geht nichts, der Schlaf ist lebensnotwendig. Warum?

Der Körper, der Geist und die Seele werden ohne Schlaf krank – mehr Zeit zum Genießen hätten wir also sicher nicht.

Warum braucht der Körper Schlaf?

Im Schlaf erholt sich der Körper. Das bedeutet: Wir atmen ruhiger, der Blutdruck sinkt und die Organe ruhen sich aus. Ganz besonders wichtig ist der Schlaf für das Gehirn. Denn während des Schlafens wird es aufgeräumt.

Und das muss sein. So wie ihr in euren Zimmern immer mal wieder für Ordnung sorgen müsst, hat auch im Gehirn alles seinen bestimmten Platz. Die vielen verschiedenen Eindrücke, die tagsüber dort ankommen, werden im Schlaf sortiert. Unwichtige Informationen fliegen zum Beispiel raus. Das, was bleibt, wird mit anderen Informationen verknüpft und im Langzeitgedächtnis abgelegt. Wir lernen also tatsächlich im Schlaf.

Das erklärt auch, warum Kinder mehr Schlaf brauchen als Erwachsene. Das Gehirn von Neugeborenen und Kindern ist wie eine Baustelle, vieles ist noch im Entstehen. Im Schlaf baut sich das Gehirn nach und nach auf. Dabei verknüpfen sich Nervenzellen miteinander. Sie bilden ein Netz, durch das Informationen schneller geleitet und verarbeitet werden können.

Und ohne Schlaf?

Als erstes Organ würde darunter das Gehirn leiden: Wir hätten Probleme, uns Dinge zu merken, wären unkonzentriert und langsamer in unseren Reaktionen. Auch würde das Immunsystem, also unsere Abwehrkräfte, nicht mehr richtig funktionieren. Im Schlaf werden nämlich lebensnotwendige Speicher wieder aufgefüllt. Auch das regelt das Gehirn. Es versorgt den Körper mit verschiedenen Stoffen, die er für ganz bestimmte Aufgaben braucht: für das Lernen, für das Hören und Sehen, für die Bewegungen ... Viele dieser Stoffe werden am Tag verbraucht, und die Speicher können nur in der Nacht, im Schlaf, nachgefüllt werden.

Schlafen, träumen und gut gelaunt aufwachen

Oder anders herum gesagt: Schlafentzug macht uns aggressiver und schwächer. Wir merken es schon, sobald wir einmal zu wenig geschlafen haben. Meistens geht es uns dann nicht so gut, wir sind weinerlich oder gereizt und fühlen uns nicht wohl. Wissenschaftler erklären das so: Bei Übermüdung funktioniert im Gehirn eine bestimmte Kontrolle nicht mehr, und zwar in den Hirnbereichen, welche die Gefühle steuern. Auf traurige Erlebnisse reagieren diese Hirnteile dann stärker und das heißt zum Beispiel: Die Tränen fließen schneller.

Auch die Träume haben mit unserer Stimmung zu tun. Der menschliche Schlaf besteht aus verschiedenen Abschnitten wie ein Kuchen aus unterschiedlichen Stücken: Es gibt die Einschlaf-, die Tiefschlaf- und die Traumphase – sie wechseln sich regelmäßig ab. Schlafen wir, dann knipst sich unser Gehirn ungefähr alle 90 Minuten an. Es wird aktiv und wir träumen. Dabei geht das Gehirn alles, was wir am Tag erlebt und gesehen haben, noch einmal durch. Das, was wir träumen, sehen wir in Bilderfolgen, in einer Art Traumkino.

Das Träumen ist für uns so wichtig, weil wir dabei alles spielerisch, ohne den Verstand, wiederholen. Und das hilft sogar manchmal beim Problemlösen im wachen Leben.

Der Schlaf kommt automatisch

Dass wir uns komplett vom Schlafen abhalten, das geht eigentlich sowieso nicht – es sei denn durch Gewalt. Denn müde werden wir von ganz alleine. Für ein paar Nächte könnten wir zwar den Schlaf überlisten, aber auf Dauer würde das nicht funktionieren.

Was macht uns müde, was wach?

Der Chef über den Schlaf heißt *Zirbeldrüse* und ist ein kleines Organ im Gehirn, das Signale in unseren Körper sendet. Die Zirbeldrüse erkennt, wie viele Schlafstoffe sich in unserem Körper im Laufe des Tages ansammeln. Je mehr Schlafstoffe da sind, desto müder werden wir. Während des Schlafens verbrauchen wir diese Schlafstoffe. Ohne Schlafstoffe im Körper fühlen wir uns wach. Die Zirbeldrüse sendet unserem Körper dann das Signal: Aufwachen, genug ausgeruht.

Kaum zu glauben:

Wie die Menschen schlafen auch die Tiere, um sich zu erholen. Allerdings brauchen Säugetiere ganz unterschiedlich viel Schlaf. Im Tierreich hat das Schlafverhalten auch damit etwas zu tun, wie viele Feinde eine Tierart hat. So gönnen sich Pferde zum Beispiel nur ungefähr drei Stunden Tiefschlaf am Tag. In freier Wildbahn ruhen sich die Herdentiere nie gleichzeitig aus. Unter ihnen gibt es immer »Aufpasser-Pferde«, die wach bleiben, um die anderen vor möglichen Angreifern zu schützen. Pferde sind Fluchttiere und lange Nickerchen bedeuten Gefahr für sie. Löwen hingegen ratzen bis zu 18 Stunden am Tag. Klar, vor wem sollte sich der König der Tiere denn in Acht nehmen? Nur ein Rudel Hyänen und Menschen könnten ihn aus der Ruhe bringen.

II

Vom Superhirn bis zur Sonnenfinsternis

Hotel
1 x Mars
NÜR
1.000.000
Euro!
1 x mars
nür
1000 000

9 Was wäre, wenn wir im Weltall Urlaub machen könnten?

Aufregend und ziemlich speziell wäre es auf jeden Fall im Weltall. Aber allein die Anreise wäre echt stressig: Je nachdem, ob die Internationale Raumstation oder doch irgendwann einmal der Mars als Ziel angepeilt werden, müssten die Reisenden es Tage, Wochen oder gar Monate in engen Raumkapseln aushalten.

Außerdem: Alles schwebt im Weltall und das kann den Urlaub ganz schön anstrengend machen. Zunächst geht in der Schwerelosigkeit das Gefühl verloren, wo oben und wo unten ist. Der Gleichgewichtssinn spielt verrückt und das bedeutet: Uns wird schwindelig wie bei einer Achterbahnfahrt oder bei hohem Wellengang auf einem Schiff. Es dauert einige Tage, bis sich der Körper an die Schwerelosigkeit gewöhnt hat (mehr dazu im Kapitel 15: *Was wäre, wenn es auf der Erde keine Schwerkraft gäbe?*, S. 101).

Muskelschwund im Weltall

Zwei Wochen Sommerferien in der Schwerelosigkeit müssten also gut vorbereitet werden. Kein Problem, behaupten die US-Amerikanische und die russische Weltraumbehörden. Sie bieten ein Weltraumtraining speziell für Touristen an – natürlich nur für sehr reiche und kerngesunde. Für einen Tag im Weltraum muss man ungefähr 70 Tage Fitnesstraining einplanen, lautet die Faustregel. Sonst bilden sich die Muskeln in der Schwerelosigkeit nämlich sehr schnell zurück.

Trotzdem träumen viele davon, einmal ins All zu reisen und die Erde von oben betrachten zu können. Viel mehr gibt es auch nicht zu sehen: Der Weltraum ist nämlich schwarz, nichts als absolute Dunkelheit mit ein paar leuchtenden Sternen um einen herum.

Wo beginnt der Weltraum?

Das Weltall fängt ungefähr 100 Kilometer oberhalb der Erdatmosphäre an. Je höher man über die Erdatmosphäre hinausfliegt, desto tiefer taucht man in die Schwerelosigkeit ein. Die *Internationale Raumstation* (kurz ISS), so eine Art großes Weltraum-Wohnmobil für Astronauten, schwebt zum Beispiel 400 Kilometer über der Erde. Auf der ISS haben tatsächlich schon Weltraumtouristen ihre Ferien verbracht. Als Erster war der Amerikaner Denis Tito 2001 für eine Woche dort, nicht gerade zum Spartarif: Das Abenteuer hat ihn damals 20 Millionen Dollar gekostet, also ungefähr 16 Millionen Euro.

Weltraumhotels ab 2017 mit künstlicher Schwerkraft

In einigen Jahren soll das erste Weltraumhotel eröffnet werden. Es sieht so ähnlich aus wie ein Riesenrad, das sich in nur 20 Sekunden einmal um seine eigene Achse dreht – also wahnsinnig schnell. Durch das Drehen wird die Schwerkraft künstlich hergestellt. Sonst würde nämlich alles im Hotel Kopf stehen. Damit es für die Gäste möglichst bequem und erholsam wird, ahmt man dort eben die Schwerkraft nach.

In so einem Weltraumhotel wird ein Tag vermutlich so ähnlich ablaufen wie in einem Hotel auf der Erde. Nur dass das Essen nicht frisch zubereitet werden kann, weil es keine Produkte zum Einkaufen gibt. Die Speisen kommen also vermutlich aus Dosen, Tuben oder dem Tiefkühlfach. Sicherlich stehen dann auch spannende Vorträge über das Weltall und die Schwerelosigkeit auf dem Programm. Ob es für Abenteuerlustige Ausflüge ins schwarze Nichts des Weltraums geben wird? Das hieße: Raus aus den Kleidern, rein in die Astronautenanzüge mit Atemgeräten und ab in die totale Schwerelosigkeit …

Danach können sich die Gäste dann in ganz normalen Betten ohne Anschnallgurte ausruhen.

Aber wäre es nicht noch viel aufregender, seine Ferien in einem Hotel ohne künstliche Schwerkraft zu verbringen?

Ein Tag im Weltraumhotel ohne Schwerkraft

So etwa könnte dort ein Tag aussehen: Schon beim Duschen müssten sich die Urlauber mit einem Duschsauger anfreunden, der über ihren Körper fährt. Das ist eine Dusche, die Wasser spritzt und es gleich wieder mit einem Schlauch einsaugt. Schließlich würde das Duschwasser sonst im Hotelzimmer herumfliegen. Auch an ein Essen aus Tuben und Getränke aus Schnabeltassen oder mit Strohhalmen müssten sich alle gewöhnen. Denn wer möchte schon, dass ihm sein Frühstückshörnchen mit Honig um die Ohren saust?

Nach dem Frühstück stünde dann zum Beispiel Training an speziellen Geräten auf dem Programm – und zwar mindestens eine Stunde lang, damit die Muskeln an Beinen und Armen nicht zu sehr schrumpfen und so weiter. Das ist natürlich nur eine Spielerei, denn ein solches Weltraumhotel wird es nicht geben.

Einmal Mond, bitte, hin und zurück!

Viel wahrscheinlicher hingegen sind Ferien auf dem Mond. 2025 sollen die Ersten dort Urlaub machen können. Damit man sich gut auf diese Abenteuer-Tour vorbereiten kann, gibt es auch schon Reiseführer. Ein verrückter Amerikaner verkauft sogar bereits Mondkarten und Mondpässe für alle.

Kaum zu glauben:

Der Speiseplan für Weltraumtouristen steht heute schon fest: Die *Europäische Weltraumorganisation ESA* hat französischen Spitzenköchen den Auftrag gegeben, leckere Astronautenkost zu entwickeln. Elf Gerichte zauberten die Köche aus den vorgegebenen Pflanzen Reis, Spinat, Zwiebeln, Tomaten, Soja, Kartoffeln, Kopfsalat und Weizen sowie der blaugrünen Süßwasseralge Spirulina. Auf der Speisekarte auf dem Mond könnte also unter anderem stehen: zum Frühstück Tomaten-Marmelade, zum Mittagessen Algen-Spinat-Nudeln und zum Abendessen Kartoffel-Auflauf mit Zwiebeln – alles aus der Dose oder Tube selbstverständlich!

Witz
Computerspiele oft unsinnig
schnell
tschüss!
Schnee
Still
Traumschiff
komm
Äpfel, Birnen
Große Scheren
zuhause
Knödel
Angst
Trotzdem
Allgäu
von morgens bis abends
Tipp
Affen
Fernseher
billiger
eines Tages
Lebenslänglich
Drängeln
für uns
grüne Wiese
nirgendwo
Schnipseljagd
sehr kompliziert
Klirrend kalt
Orangeneis
von
Das Leben und die Liebe
100
Schokolade
Pünktcher
Unverdientes Gescher
Ende
Blockflöten
Ohne
Fahrt durc
Langsamkeit

10 Was wäre, wenn wir nichts vergessen würden?

Was sagt ihr dazu?

Christian und Maxi, 10 Jahre, aus München:

Christian: Ich fände es schön, wenn ich beim Schach alle Züge behalten könnte oder zum Beispiel nie vergesse, dass ich auf dem Eiffelturm war und wie schön die Aussicht war.
Maxi: Ich fände das schlecht: Wenn man sich zum Beispiel mit einem guten Freund gestritten hat, dann hat man das immer in Erinnerung. Wenn man es vergisst, dann hat er es auch vergessen und dann sind wir wieder Freunde.

»Oh, hast du gestrampelt damals in meinem Bauch – und bei deinem Schluckauf hat mein ganzer Körper gewackelt.«

Tja, wie war das noch im Bauch unserer Mutter? Kuschelig warm? Oder glitschig feucht? Hell oder dunkel? Laut oder leise? Und der Schluckauf im Mutterleib, wie ging denn das wohl? Leider alles vergessen.

Euer erster Geburtstag, euer erstes Wort, euer erster Schritt – leider vergessen. Wie schade!

Alles, was wir als Baby oder gar im Bauch der Mutter erleben, scheint aus unserem Kopf gelöscht zu sein. Oder können wir uns einfach nicht mehr daran erinnern? Ja, warum vergessen wir eigentlich?

Vergessen schützt unser Gehirn

Der Schlüssel zum Vergessen oder Nicht-Vergessen ist unser Gehirn. Wenn wir auf die Welt kommen, ist es voller frischer *Nervenzellen*, die aber noch nicht zusammenarbeiten, also vergessen wir alles. Erst mit ein bis zwei Jahren fängt unsere bewusste Erinnerung an. Dann sind so viele Nervenzellen miteinander verknüpft und fleißig am Lernen, dass wir uns plötzlich solche Dinge wie Gerüche, Geräusche oder Farben merken können, sie vielleicht über viele, viele Jahre nicht mehr vergessen. Und so hat jeder von uns ein paar Kindheitserinnerungen: an das Schlaflied der Mutter, die tolle Geburtstagstorte, die Geburt des Geschwisterchens oder den ersten Wackelzahn. Unser Gehirn sortiert Gutes und Schlechtes. Sind wir gut gelaunt, erinnern wir uns an die schönen Seiten des Lebens. Geht es uns schlecht, sind plötzlich all die Sorgen der Vergangenheit wieder da. Denn wie ein Computer kann das Gehirn Sachen für uns speichern, im sogenannten *Langzeitgedächtnis*, damit wir sie nicht mehr vergessen, lebenslang. Oder aber in einem Zwischenspeicher, dem *Kurzzeitgedächtnis*. Dort wird unser Wissen allerdings, wie beim übervollen Papierkorb, von Zeit zu Zeit geleert und schon ist alles vergessen.

Kein Wunder also, dass ihr die Vokabeln nicht behalten könnt, die ihr nur einmal gelesen habt, denn unser Gehirn schiebt sie in den Zwischenspeicher. Und von dort, schwups, sind sie meist schon am nächsten Tag verschwunden. Zu dumm. Doch diese Löschfunktion hat auch ihr Gutes, sie schützt unser Gehirn vor Überlastung – sie sortiert Wichtiges und Unwichtiges – und Englischvokabeln scheinen für unser Gehirn erst mal ziemlich unwichtig zu sein.

Mit dem Turbohirn nie mehr etwas vergessen

Doch wie wäre es denn nun, wenn wir nichts mehr vergessen würden? Wenn wir wirklich alles in unserem Kopf behalten würden? Die Sache mit den Englischvokabeln wäre natürlich sehr fein zu lösen – einmal lesen und nie mehr vergessen. Alles in der Schule wäre im Nu gelernt und Klassenarbeiten bräuchte man auch nicht mehr zu schreiben. Noten gäbe es also nur noch auf Fleiß und Betragen. Aber so verlockend das Nicht-Vergessen auch klingt, es würde uns manches Problem bringen. Wir müssten vermutlich viel mehr schlafen, damit all das Wissen in unserem Kopf überhaupt verarbeitet werden kann. Sonst wäre da oben nur noch Chaos. Ja, unser Kopf wäre wohl immer zum Platzen voll. Und nicht nur mit schönen Dingen, sondern auch der Streit mit dem besten Freund oder das verlorene Fußballspiel würden ewig in Erinnerung bleiben und uns wahrscheinlich zu ziemlich nachtragenden Muffelköpfen machen. Wer nie etwas vergisst, müsste wohl auch immer wieder über alles nachgrübeln: wie man richtig spricht oder sich auf einen Stuhl setzt, wie man die Treppe runterkommt oder sich ins Bett legt. Eigentlich machen wir das automatisch, unser Gehirn hat es gelernt und muss sich dazu keine anstrengenden Gedanken mehr machen. Doch mit dem Turbohirn würden wir alles immer neu durchdenken und vor lauter Denken und Denken könnten wir am Ende überhaupt nicht mehr handeln.

Und noch was wäre vermutlich ziemlich traurig mit unserem Turbohirn: Könnten wir überhaupt Freunde finden? Denn wer sich alles merkt, jeden Menschen kennt, nie mehr ein Gesicht vergisst, der kennt schnell Tausende von

Menschen. Und vielleicht würde man vor lauter Bekannten seine wahren Freunde gar nicht finden.

Menschen mit Superhirn

Ein vierjähriger Junge setzt sich ans Klavier und spielt eine Melodie, die er vorher im Radio gehört hat, fehlerfrei nach. Einfach so, ohne je Klavierstunden bekommen zu haben. Oder ein Mann aus den USA kann den Inhalt von 12000 Büchern auswendig hersagen – das ist eine halbe Bibliothek. Wieder ein anderer kann fließend 30 Sprachen sprechen, weil er nur eine Woche braucht, um eine neue, fremde Sprache komplett zu erlernen.

Was ist da los? Warum können sich diese Menschen Dinge merken, die wir sofort vergessen oder uns erst durch mühevolles, langsames Lernen erarbeiten müssen?

Sie alle besitzen eine besondere Gabe, eine *Inselbegabung*, die ihnen hilft, Sprache, Musik oder Zahlen anders in ihrem Gehirn zu verarbeiten als wir. Vieles, was wir sofort vergessen, weil es uns unwichtig erscheint, können sich diese Menschen einfach merken. Ihr Gehirn besitzt die besondere Fähigkeit des Nicht-Vergessens, zumindest für manche Dinge. So können sie komplizierte Rechenaufgaben lösen, die wir nur noch mit dem Taschenrechner hinkriegen. Oder sie malen ganze Stadtpläne aus der Erinnerung nach. Tausende Häuser und Straßen, Kirchen, Schulen und Sportplätze. Alles haargenau, mit jedem Fenster, jedem Bürgersteig, jeder Straßenbiegung. Einfach genial! Für so etwas bräuchten wir einen Fotoapparat, denn einfach aus der Erinnerung bekämen wir das niemals hin.

Doch es gibt auch eine Kehrseite der Superhirne, denn die klugen Rechner, Musiker und Sprachkünstler sind im Alltag unbeholfen. Was für uns ganz einfach ist – die Treppe runterspringen oder um die Wette rennen – ist für sie eine unlösbare Aufgabe. Und das gilt bei vielen Dingen, die für unser gesundes Gehirn das Normalste von der Welt sind.

So hat auch die Welt des Nicht-Vergessens ihre Lücken. Und unsere Welt, die der Vergesslichen, hat ihr Gutes. Auch wenn wir so noch viel pauken müssen, um die Englischvokabeln endlich nicht mehr zu vergessen.

Kaum zu glauben:

Wollt ihr mal testen, wie gut ihr im Nicht-Vergessen seid?

Es gibt da ein paar Tipps, die euch zu Superhirnen machen können, wie Dr. Gunther Karsten, der schon mehrmals Gedächtnisweltmeister wurde und die deutsche Junioren-Gedächtnis-Nationalmannschaft trainiert.

Hier ein paar schlaue Kniffe von ihm fürs Gehirnjogging:

Versucht euch diese Zahlenfolge einzuprägen:

3-0-5-2-7-2-6-3-5

Und könntet ihr die Zahlen nach zehn Minuten noch in der richtigen Reihenfolge wiederholen? Gar nicht so einfach!

Aber jetzt kommt die Lösung für unser schlappes Gehirn. Stellt euch zu jeder Zahl ein Bild vor. Ihr werdet sehen, das wirkt Wunder!

Und das geht so:

Die ersten drei Zahlen, 3-0-5, sind die Höhe, auf der ein Basketballkorb hängt – nämlich 3,05 Meter. Merkt euch das einfach.

Dann kommen 2-7-2, der größte Mann der Welt hat diese Maße, 2,72 Meter. Kann man auch gut behalten, wenn man es weiß.

Den Schluss der Zahlenreihe bilden die Zahlen 6-3-5, und das ist das wahnsinnige Gewicht des schwersten Menschen der Welt, 635 Kilogramm.

Wenn ihr all die trockenen Zahlen also mit einem Inhalt füllt, dann werden sie plötzlich ganz lebendig und unser Gehirn kann sie wunderbar einfach behalten. Viel Spaß beim Trainieren!!!

OZEan

11 Was wäre, wenn die Weltmeere so richtig sauer würden?

Was sagt ihr dazu?

Christian, Philipp, Laura und Lea, 10 Jahre, aus München:

Christian: Die Weltmeere könnten auf das Kohlendioxid sauer werden, weil es sie verdreckt.
Philipp: Die Weltmeere könnten auf die Menschen sauer sein, denn die fliegen mit den Flugzeugen und fahren mit den Autos und die pusten Kohlendioxid raus.
Lea: Dadurch, dass die Korallen, Seegurken und Kalkwassermuscheln sterben, sterben auch die Fische, weil sie kein Futter mehr haben, dann sterben auch die großen Wale, weil sie ebenfalls kein Futter mehr finden.
Laura: Es könnte sein, dass die Ozeane dann aussehen wie das Tote Meer, also es würde kein Leben mehr geben.

Häh? Wie? Was? Die Ozeane können doch nicht sauer werden! Auf wen oder was denn, bitte?

Nein, ärgern können sich die Meere nicht. Das ist mit »sauer« auch nicht gemeint. Obwohl die Ozeane doch allen Grund dazu hätten, wütend zu sein, zum Beispiel auf den Menschen. Der sorgt dafür, dass die Meere immer schmutziger und dadurch auch saurer werden. Sauer bedeutet hier, dass sich im Wasser eine Säure bildet, nämlich die Kohlensäure – bekannt als Blubberbläschen im

Mineralwasser. Und da gehört die Kohlensäure eigentlich auch hin: in die Sprudelflasche und nicht in die Weltmeere.

Wie kommt die Kohlensäure in die Ozeane?

Dafür sorgt ein bestimmtes Gas, nämlich das *Kohlendioxid*. Mit dem Wasser verbindet es sich zu Kohlensäure. CO_2, so wird Kohlendioxid abgekürzt, gelangt zum Beispiel aus Kraftwerksschornsteinen und Autoauspuffen in die *Atmosphäre,* die Schutzhülle unserer Erde. Gleichzeitig verteilt sich ein großer Teil des schädlichen CO_2 auch in den Ozeanen und kleineren Meeren und Gewässern. Die Weltmeere »schlucken« fast die Hälfte des gesamten CO_2-Ausstoßes. Sie saugen es nach und nach auf – wie ein Schwamm –, von der Wasseroberfläche bis hinab in die Tiefen.

Umso besser für uns, dann verpestet es die Luft weniger, könnte man denken. Aber die Lebewesen in den Meeren leiden auch unter dem Kohlendioxid. Weil die Menschen immer mehr schädliches Kohlendioxid in die Atmosphäre pusten, gelangt auch immer mehr davon in die Meere. Je kälter das Wasser ist, desto mehr Kohlendioxid nimmt es auf. Deshalb haben Forscher besonders viel CO_2 im Süd- und Nordpolarmeer gefunden. Das Meerwasser wird zu einer Art »Sprudelwasser« – und das ist sauer. Allerdings schmeckt das Meer dann nicht etwa wie Bitter Lemon. Und sehen können wir die Kohlensäure auch nicht. Denn die Kohlensäure löst sich sofort wieder in andere Bestandteile auf. Wie sauer ein Gewässer ist, lässt sich deswegen nur mit bestimmten Geräten messen.

Warum ist das saure Wasser schädlich?

Die Kohlensäure greift die Lebewesen im Wasser an und zerstört sie. Am schlimmsten davon betroffen sind Tiere und Pflanzen, die zu großen Teilen aus Kalk bestehen – also Schalentiere und Kalkalgen. Durch das saure Wasser lösen sich ihre Schalen auf und sie können nicht mehr überleben. Zu den Schalentieren gehören alle Schnecken und Muscheln. Auch das Skelett der Korallen besteht komplett aus Kalk. Zu viel Kohlensäure zerstört diese Kalkschutzschicht. So können die wunderschönen Tiere ihre Skelette kaum mehr aufbauen. Schon heute zerfrisst das saure Wasser viele Korallenriffe im Pazifischen Ozean. Wenn die Meere noch saurer würden, gäbe es irgendwann keine Korallenriffe mehr. Damit würden zum Beispiel die bunten Papageienfische, Aale, Krabben und andere Tiere, die in den Riffen leben, aussterben.

Den Platz der Korallen würden wahrscheinlich die Algen einnehmen. Andere Fischarten, auf jeden Fall weniger Fischarten als heute, würden die Meere erobern. Ganz ohne Lebewesen, wie im Toten Meer, wären die Weltmeere aber höchstwahrscheinlich nie.

Was können wir tun, damit die Weltmeere nicht noch saurer werden?

Energiesparen heißt die Zauberformel. Das Beste wäre, wenn alle Länder weniger Energie verbrauchen würden. Das könnte in unserem Alltag zum Beispiel heißen, sparsamer heizen und weniger Vollbäder nehmen oder Energiesparbirnen einsetzen. Ganz wichtig wäre es, öfter das Fahrrad oder den Bus anstelle des Autos zu nehmen. Denn das hieße: weniger Kohlendioxid in der Luft und im Wasser. Auch mehr Wind-, Wasser- und Solarkraftwerke, bei denen erst gar kein Kohlendioxid entsteht, wären sinnvoll. Denn sonst hätte das Meer tatsächlich allen Grund, richtig »sauer« auf den Menschen zu sein, oder?

Kaum zu glauben:

Die Forscher planen außerdem, CO_2 im Boden einzulagern. Dafür wird das Gas Kohlendioxid erst flüssig gemacht und dann tief in die Erde gepresst. Allerdings gibt es da ein Problem: Nach Millionen von Jahren wird das unterirdische CO_2 wieder in die Atmosphäre gelangen. Das ist also nur eine Lösung auf Zeit.

Wie wäre es zum Beispiel mit Kalktabletten? Auch daran haben Meeresbiologen schon gedacht. Leider nicht möglich, denn man bräuchte Unmengen an Kalk, um die Weltmeere und ihre Bewohner zu schützen.

4275 m Belchen
4208 m Brocken
Die höchsten Berge
8882 m
8693 m Mönch
8114 m
7141 m Piz Bernina
Ortler (Alpen)
7039 m Großglockner
6677 m

12 Was wäre, wenn ihr einen Tag machen könntet, was ihr wollt?

Leon, 10 Jahre, aus Jockgrim:

Ich würde ein 20 Meter tiefes Loch graben und es mit Wasser füllen. Dann würde ich einen Schlauch mit 300 Bar Luftdruck in die Grube halten und eine 100 Kilometer lange Wasserrutschbahn in das Becken führen. Sie soll einen Kilometer hoch werden und die Strecken sollen 10 bis 80 Grad Neigung haben. Die Rutschröhre aus Glas soll 10 Meter breit werden. Auf insgesamt 15 Kilometern der Strecke soll Nebel sein. In den benebelten Bereichen sollen Stroboskope, Laser und farbige Lampen aufgehängt werden.

Rebecca, 10 Jahre, aus Landau i.d. Pfalz:

Da brauche ich gar nicht lange zu überlegen. An einem Tag, an dem ich alles tun dürfte, was ich will, würde ich zuallererst meine besten Freunde anrufen und zu mir einladen. Denn mit Freunden macht doch einfach alles mehr Spaß. Um uns für unsere Unternehmungen zu stärken, würden wir erst mal ordentlich frühstücken und dabei ganz laut unsere Lieblingsmusik hören. Es würde Pommes und leckere Hamburger und zum Nachtisch Pfannkuchentorte mit Nutella und Sahne geben. Danach würde ich gerne selbst mal ausprobieren, wovon mir mein Opa berichtet hat. Er ließ nämlich einmal die Geschirrspülmaschine mit ganz normalem Spüli laufen. Opa sagt, dass das einen MordsSchaum gab, der sogar aus der Spülmaschine rausquoll. Wir könnten also schön viel Spüli einfüllen und dann anschließend in der Küche eine richtige Schaumschlacht machen. Anschließend würden wir in unseren Garten gehen. Der ist recht verwildert. Also könnten wir mit unseren Taschenmessern Zweige von den Büschen schneiden und uns daraus ein richtiges Tipi bauen. Natürlich wäre es klasse, wenn wir dort auch Wasser zum Planschen und Spielen hätten. Deswegen würden wir unseren Gartenwasserhahn in eine echte Quelle umwandeln und von dort aus einen kleinen Wasserlauf graben, der dann in einen Teich gleich neben unserem Tipi mündet. Aber das Allerwichtigste wäre natürlich eine große Feuerstelle, wo wir am Abend Würstchen, Stockbrot und Marshmallows braten könnten.

Also, so stelle ich mir einen tollen Tag ohne die Vorschriften von Erwachsenen vor. Da aber meine Mama diesen Text auch gelesen hat, glaube ich nicht, dass sie mich in der nächsten Zeit alleine zu Hause lässt.

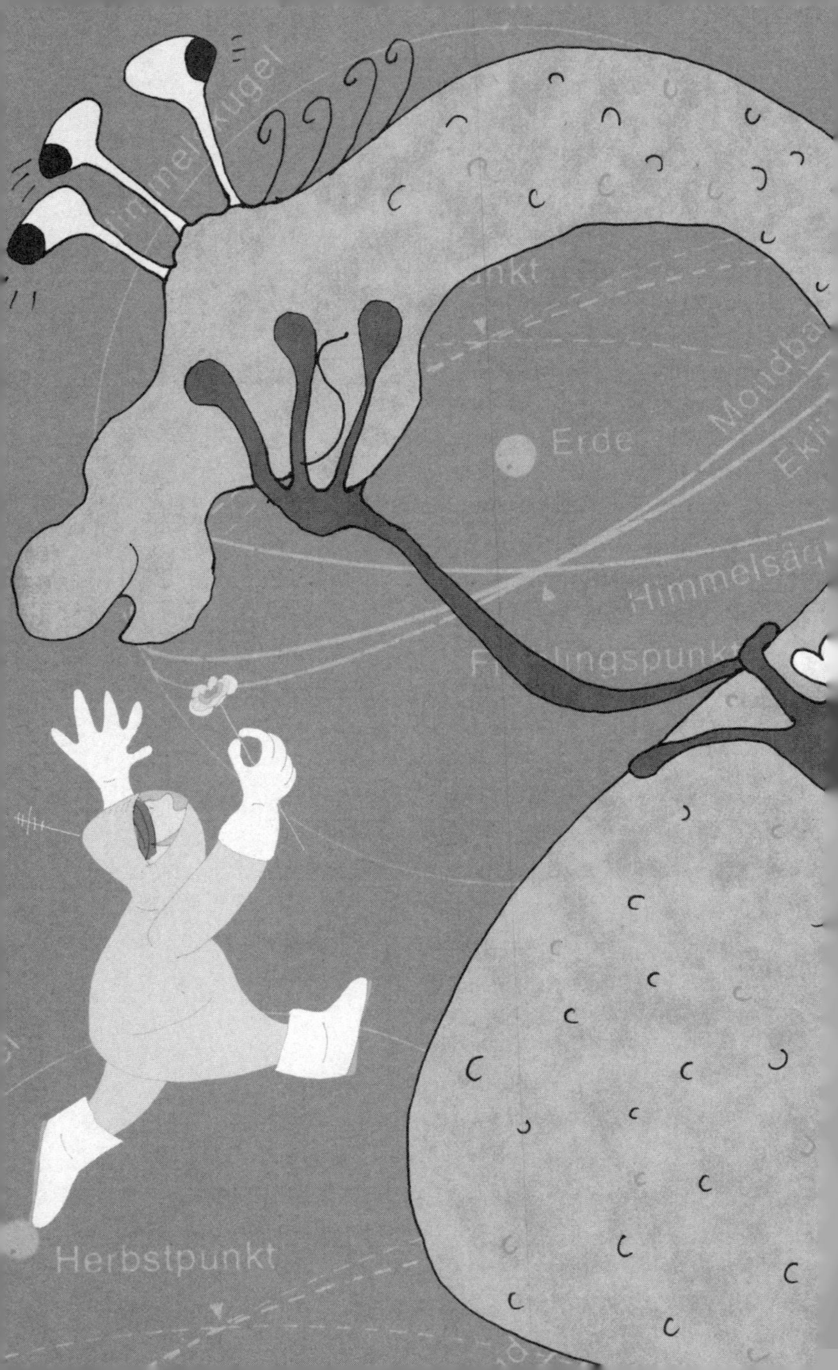
Erde
Herbstpunkt

13 Was wäre, wenn wir Außerirdische treffen könnten?

Ein Besuch bei den kleinen grünen Männchen mit den Antennen auf dem Kopf? Nein, längst wissen wir, dass es auf dem Mars keine Außerirdischen gibt. Das haben uns die Bilder der Raumsonden, die auf Mars-Mission geschickt wurden, bewiesen. Zumindest nicht solche, wie sie in unseren Fantasien herumspuken. Keine schleimigen Horrorwesen oder schwarz gekleidete Riesenkrieger. Sie alle treffen wir in Büchern und Filmen, im Weltall wahrscheinlich niemals, zumindest nicht auf dem Mars. So viel steht fest.

Der erste Mensch auf dem Mars wird Wirklichkeit

Doch die Forscher lassen nicht locker. Gerade unser Nachbarplanet Mars birgt immer noch viele Geheimnisse, die es zu lüften gilt. Durch die Weltraumforschung wissen wir heute, dass der Mars früher einmal wärmer und feuchter war. Ein ähnliches Klima wie auf unserer Erde, damals, als hier das Leben entstand. Denkbar also, dass dasselbe vor Jahrmilliarden auf dem Mars geschah. Die Forscher grübeln sich die Köpfe heiß. Denn immer wieder entdecken sie auf den Bildern der Raumsonden Zeichen, die uns etwas über ein früheres Leben auf dem Mars verraten könnten: Was ist mit den riesigen Kanälen, die sich über den Mars ziehen? Erinnern sie nicht an ausgetrocknete Flusstäler? Und wo Wasser war, konnte vielleicht auch Leben entstehen, so wie auf unserer Erde?

Doch wohin ist das Wasser verschwunden? Die Forscher wissen: Das Wasser ist gefroren und liegt tief im Boden und im Gestein des Mars. Dennoch könnte auch dort, tief im gefrorenen Eis, Leben sein. Kleinste Bakterien vielleicht, denen die Kälte nichts ausmacht. Diese Bakterien sind die wahren Außerirdischen, nach denen die Forscher heute suchen. Sie zu finden wäre für die Astronauten eine Sensation. Denn sie wären der erste Beweis für Leben jenseits der Erde.

Doch die Reise zum Mars ist beschwerlich. Drei lange Jahre dauern Hin- und Rückflug. Noch kann kein Mensch so lange im Weltall bleiben. Die internationalen Weltraumorganisationen sind dennoch zuversichtlich: Es wird einen Weltraumflug zum Mars geben, mit den ersten Menschen an Bord. Die Frage ist nur, wann?

Fremde Sonnensysteme

Ein Blick in den Sternenhimmel verrät uns: Dort oben sind noch Tausende und Abertausende Sterne, die wir jeden Abend auf unsere Erde herunterfunkeln sehen. Wir kennen längst nicht alle und unser Planet Erde ist nur ein winziger blauer Punkt in dem ungeheuren Sternengewirr. Wir gehören zu einem Sonnensystem, das allein schon riesig erscheint. Aber es ist nur eines von vielen anderen, die am Himmel kreisen.

An die dreihundert solcher Sonnensysteme kennen wir heute schon, doch noch sind selbst die Teleskope der Forscher nicht leistungsstark genug, um die Planeten wirklich zu sehen.

Was sich in dieser uns noch unbekannten und unendlichen Weite des Weltalls verbirgt, weiß keiner genau, und die Suche nach Lebenszeichen wird noch ein langer Weg sein.

Hallo, Nachbar – Erdbotschaft fürs All

So ist es vorerst ein gut gehütetes Geheimnis, ob wir vielleicht irgendwo da draußen im Weltall tatsächlich Nachbarn haben. Und angenommen, wir hätten sie, Menschen wie wir. Dann müssten auch die außerirdischen Forscher die gleiche schwierige Frage lösen: Wie können sie uns, die Erdenbewohner, überhaupt finden? In der Unendlichkeit des Alls ist ja auch die Suche nach unserer Erde wie die Suche nach einer Stecknadel im Heuhaufen. Aussichtslos?

Ja und nein. Denn auch unsere Erde selbst sendet Signale in den Weltraum. Als wollte sie dem restlichen Weltall zurufen: »Hallo, hier bin ich. Sucht und findet mich, ihr Außerirdischen da draußen.« Es sind natürlich Funksignale, die von der Erde ausgestrahlt werden. Sie klingen so ähnlich wie das Rauschen des Radios, wenn ihr einen Sender sucht. Dieses Rauschen und Surren kann man im Weltall hören, wenn man ein Radioteleskop hat, das die Funksignale auffängt. Umgekehrt können wir auf der Erde auch die natürlichen Funksignale anderer Planeten hören. Doch die Entfernungen im All sind gigantisch: Wenn eine Funknachricht die Erde Richtung Mars verlässt, ist sie erst nach viereinhalb Stunden dort. Bis zur Milchstraße, der Mitte unserer Galaxie, braucht sie schon 30000 Jahre. Die Antwort der Außerirdischen, falls jemand dort die Funksignale hören und zu uns zurücksenden könnte, würden also nicht einmal unsere Urururenkel bekommen.

Aber wer weiß, vielleicht kamen ja auch schon einige heimliche außerirdische Botschaften per Rauschen bei uns an, und wir haben sie nur nicht verstanden.

Kaum zu glauben:

Immer wieder werden Raumsonden ins All geschickt, ausgestattet mit Grußnachrichten für Außerirdische – für alle Fälle. 1977 zum Beispiel starteten die amerikanischen Sonden *Voyager 1* und *Voyager 2* ins All. Sie haben je eine Schallplatte mit typischen Geräuschen der Erde an Bord. Zu hören sind Herzklopfen, ein Kuss, Donnergrollen oder der Gesang der Buckelwale, dazu viel Musik und Grußbotschaften in 55 Sprachen. Leider hat bisher noch keiner geantwortet.

(Denmark)
Spitzbergen
Severnaya
Zemlya

14 Was wäre, wenn der Mond auf die Erde fallen würde?

Von der Erde aus können wir ihn sehen, den Mond: Mal leuchtet er wie eine helle Scheibe am Himmel, mal zeigt er uns nur eine Hälfte oder er lugt als dünne Sichel aus dem Dunkeln hervor. Sogar besuchen können wir ihn von hier unten aus. Zumindest ist es schon einigen Astronauten gelungen, ihre Füße auf den staubigen Mondboden zu setzen. Umgekehrt ist vom Mond noch nie etwas bei uns angekommen, oder? Was auch? Denn es gibt kein Leben auf dem Himmelskörper. Gesteinsbrocken vom Mond sind uns zum Glück auch noch nicht um die Ohren geflogen. Und das, obwohl er gar nicht so weit weg ist von der Erde.

Mond und Erde haben die gleiche »Geburtszeit«

Der Mond soll zur gleichen Zeit wie unsere Erde entstanden sein, nämlich vor 4,6 Milliarden Jahren. Forscher vermuten, dass sich der Mond sogar aus der Urerde von damals gebildet hat. Es soll ein großer *Asteroid* (ein Kleinplanet) auf die Erde gefallen sein, der Gesteinsbrocken ins All geschleudert hat. Die abfallenden Teile haben sich dann zu unserem Mond geformt.

Und trotzdem ist auf dem Mond fast alles anders als bei uns: Wir können dort sechs Mal so hoch springen wie auf unserem blauen Planeten. Das liegt daran, dass der Mond zwar auch wie ein Magnet wirkt und eine Anziehungskraft besitzt, aber eben eine viel geringere als die Erde. Klar, schließlich ist er auch viel kleiner als sie. Ungefähr 50 Mondkugeln würden in die Erde hineinpassen.

Die Erde zieht wie ein Riesenmagnet alles an – so auch den Mond. Warum fällt er dann eigentlich nicht auf die Erde, so wie ein Ball, der nach dem Hochwerfen nicht oben in der Luft bleibt, sondern wieder auf dem Boden landet?

Der Mond ist zu schnell

Das liegt daran, dass er so flink um die Erde saust. Pro Sekunde legt er 1000 Meter zurück, also einen Kilometer. Dafür brauchen selbst trainierte Läufer fast zwei Minuten! Dem dicken Mond hilft dabei die *Fliehkraft*. Diese Kraft drückt den Mond von der Erde weg – so wie die Sitze beim Kettenkarussell während der Fahrt durch die Geschwindigkeit nach außen gezogen werden. Die Anziehungskraft der Erde und die Fliehkraft sind gleich stark. Dadurch halten sie den Mond immer auf seiner Bahn. Während ihr diesen Text hier lest, hat der Mond übrigens wieder mehrere Kilometer auf seiner Umlaufbahn zurückgelegt.

Mondabsturz möglich durch Anhalten

Es ist also sehr unwahrscheinlich, dass der Mond auf die Erde kracht. Aber wenn ihn zum Beispiel ein anderer Himmelskörper tatsächlich ausbremsen würde, dann könnte es passieren. Die Fliehkraft würde zunächst abnehmen und dann ganz verschwinden. Die Erde würde den Mond zu sich ziehen, bis er abstürzen würde, und schwups, käme er nach unten gesaust. Weil der Mond so groß ist, könnte nicht einmal die Erdatmosphäre ihn aufhalten oder bremsen.

Der Mond könnte die Erde in zwei Hälften spalten

Oje, was für eine Katastrophe! Der Himmel würde zunächst stockdunkel, weil so viel Staub und Gesteinsbrocken aufgewirbelt würden. Außerdem käme es zu riesigen Flutwellen.

Sicher würde sich durch den Einschlag ein gigantischer Krater bilden. Es wäre sogar denkbar, dass durch die Wucht unser Planet zerbricht und so zum Beispiel zwei Erden entstehen würden. Aus den umherfliegenden Brocken könnten sich dann auch wieder einer oder sogar mehrere neue Monde formen. Auf alle Fälle wäre dies alles so zerstörerisch, dass die Natur wieder fast ganz von vorn beginnen müsste.

Erde verirrt sich im All

Die Erde hätte hart an dem Mondabsturz zu knabbern. Weil sie dann schwerer würde, würde sie sich langsamer um sich selbst drehen. Und das heißt erst mal: längere Tag- und Nachtzeiten. Im Extremfall hätten wir sogar auf einer

Erdhälfte dauernd Nacht, mit kältestem Winter, und auf der anderen Erdhälfte dauernd Tag, mit heißestem Sommer.

Die Gezeiten, Ebbe und Flut, gäbe es auch nicht mehr. Denn schließlich sorgt der Mond mit seiner Anziehungskraft für das Hin- und Herschwappen der Meere. Und ohne Mond würden wir um den Spaß gebracht, eine Mond- oder Sonnenfinsternis bestaunen zu können.

Übrigens:

Wozu sollten wir zum Einschlafen noch Mondlieder singen und Geschichten vom »Mann im Mond« erzählen? Wir hätten auch keine Ausrede mehr für unseren schlechten Schlaf. Denn ohne Mond kein Vollmond. Und die Wölfe würden ihn sicher vermissen, weil sie ihn nachts nicht mehr anheulen könnten.

Kaum zu glauben:

Auf dem Mond gibt es gar kein Wetter. Der Mond hat keine Atmosphäre, also keine Schutzhülle um sich herum. Es weht kein Wind und es regnet nicht. Deshalb werden Fußabdrücke gar nicht verweht. Am Tag kann es bis 117 Grad Celsius heiß werden, wenn die Sonne auf ihn scheint, nachts bis –153 Grad Celsius kalt.

1000
kg
Erd
Saturn
Mars

15 Was wäre, wenn es auf der Erde keine Schwerkraft gäbe?

Totales Chaos. Keine Spinne könnte mehr ihr Netz richtig bauen. Kein Vogel mehr durch die Luft fliegen. Kein Baum mehr gerade in den Himmel wachsen. Und wir Menschen erst, wir würden völlig hilflos durch die Gegend torkeln. Niemand wüsste, wo oben und unten ist. Und wer keine Orientierung mehr hat, dem ist immerzu speiübel, wie bei einem wilden Sturm auf dem Meer. Außerdem müssten wir uns dauernd an irgendetwas festklammern, damit wir nicht von der Erde ins Weltall fliegen. Wir bekämen riesige, rote Köpfe und dünne Beinchen, da unser ganzes Blut in den Kopf fließen würde. Wir könnten schließlich nicht mal mehr richtig atmen, weil selbst unsere Atemluft mit Hilfe der Schwerkraft in unsere Lunge gepresst wird. Doch Schwerkraft ist keine Zauberei!

Schwerkraft – die Masse in unserer Erde

Schwerkraft ist überall: in jedem Stein, in jedem Telefon, in jedem Sommerkleid von dir. Jeder Gegenstand besitzt Schwerkraft. So wie alle Menschen, Tiere, einfach alle Dinge, die auf der Erde sind. Je größer und massiger die Dinge sind, desto mehr Schwerkraft haben sie. Auch für unsere Erde gilt: Sie ist groß, riesengroß im Vergleich zu einem Menschen. Sie besitzt somit jede Menge Schwerkraft, die unser Leben entscheidend bestimmt. Sie ist die Kraft, die uns an die Erde drückt. Die alles gerade rückt. Nur durch sie können wir aufrecht stehen: mit den Füßen am Boden und dem Kopf in Richtung Himmel. Und dabei bemerken wir sie nicht einmal. Erst wenn es keine Schwerkraft mehr gäbe, wären wir plötzlich in einem anderen Leben. So wie die Astronauten im Weltall.

Leben in der Schwerelosigkeit – ein Tag im All

Sobald sich das Raumschiff weit genug von der Erde entfernt hat, beginnt für die Astronauten der Alltag in der Schwerelosigkeit. Alles schwebt jetzt.

Keiner weiß mehr, wo der Boden oder die Decke im Raumschiff ist. Nur angegurtet kann sich die Besatzung fortbewegen, sonst würde sie quer durchs Raumschiff schweben. Jeder Kochlöffel oder jede Zange an Bord muss festgebunden sein oder wieder in die Schublade gelegt werden, sonst würden sie sofort davonschweben. Einfache Dinge wie sitzen, laufen oder etwas vom Boden aufheben gehen nicht mehr. Selbst zum Schlafen müssen sich die Astronauten in ihren Betten festgurten, damit sie überhaupt liegen bleiben.

Doch die Schwerelosigkeit verdreht die Welt noch mehr: Plötzlich scheinen die Astronauten superstark. Dinge, die auf der Erde schwer sind, wie zum Beispiel ein Computerbildschirm, sind hier plötzlich federleicht. Den Bildschirm kann man im All einfach durch die Luft werfen wie einen Tennisball. Also, ob Mensch oder Ding, während des Weltraumflugs fehlt allem die Schwerkraft und damit das eigentliche Gewicht.

Für die Besatzung bedeutet dies auch tägliches Sporttraining auf dem Laufband von mindestens zwei Stunden. Denn wer nicht mit seinen Beinen gegen die Schwerkraft antreten muss, bekommt schwache Muskeln und Knochen. Für die Astronauten kann dies sehr gefährlich werden, denn körperlich fit zu bleiben ist bei einer Weltraumexpedition ganz entscheidend, auch um sich bei der Rückkehr zur Erde schnell wieder zu erholen und im wirklichen Leben wieder mit der Schwerkraft klarzukommen.

Kaum zu glauben:

Würden wir Menschen auf dem Mond leben, so könnten wir mit nur einem einzigen Hopser 20 Meter weit springen. Aber warum? Der Mond ist kleiner und leichter als die Erde, also besitzt er weniger Schwerkraft. Daher sind wir Menschen auf dem Mond sehr leicht. Für die Astronauten ist das sicher ein Riesenspaß, wenn sie bei ihren Mondspaziergängen ohne jede Mühe wild durch die Gegend springen können.

Auf der Sonne wäre es genau umgekehrt. Die Sonne ist viel größer und schwerer als die Erde, hat somit sehr viel mehr Schwerkraft. Wir Menschen wären dort sehr schwer und könnten uns kaum fortbewegen.

la
sonnEn
LImo

16 Was wäre, wenn alle Autos ohne Benzin fahren könnten?

Schon heute gibt es Autos, die kein Benzin mehr brauchen. Aber die wenigsten von ihnen funktionieren so gut, dass sie tatsächlich zum Verkauf angeboten werden. Deshalb sehen wir auf unseren Straßen nur selten solche Autos. Dabei steigt der Druck auf die Ingenieure, benzinfreie Fahrzeuge für alle zu erfinden. Das Erdöl, aus dem Benzin und Diesel bestehen, wird nämlich immer knapper und teurer. Außerdem: Mit anderen Treibstoffen könnten die Autos umweltfreundlicher werden. Dann kämen aus dem Auspuff keine oder weniger schädliche Stoffe heraus. Solche Fahrzeuge haben die Ingenieure bereits entwickelt: Es gibt Erdgas-, Hybrid-, Elektro-, Druckluft-, Wasserstoff-, Solar- oder Biospritfahrzeuge.

Getreide bringt Motoren in Bewegung

Fangen wir bei den *Biospritautos* an. Anstelle von Benzin und Diesel werden natürliche Treibstoffe getankt. Natürlich bedeutet: Sie werden aus verschiedenen Getreidesorten und anderen Pflanzen, oder besser gesagt, aus deren Ölen hergestellt. So kann etwa Rapsöl die Motoren antreiben. Das Auto pustet mit Biosprit weniger Schadstoffe in die Schutzhülle unserer Erde. Aber da gibt es ein Problem: Die gesamte Anbaufläche, also alle Felder und Äcker auf der ganzen Welt, reichten nicht aus, um Pflanzen für genügend Biosprit anbauen zu können. Außerdem fehlen die Felder dann, um Nahrungsmittel anzubauen.

Statt Erdöl: Erdgas

Wie wäre es mit *Erdgasautos?* Benutzt wird Erdgas als Kraftstoff. Mit Erdgas wären wir unabhängiger von dem teuren Erdöl. Es hat den Vorteil: Erdgas muss nicht hergestellt oder angepflanzt werden und ist umweltfreundlicher. Im Vergleich zu normalen Autos entstehen bei der Verbrennung weniger Schadstoffe wie etwa Kohlendioxid oder Ruß. Schon heute gibt es in Deutschland zahlreiche Tankstellen mit speziellen Erdgassäulen. Damit alle Fahrzeuge mit Erdgas betankt werden könnten, müssten alle Tankstellen und die Motoren der Autos umgebaut werden.

Batterien sind die Herzen des Elektroautos

So ähnlich wie bei uns ohne Herz kein Blut fließt, läuft bei einem *Elektroauto* nichts ohne Batterien. Leider bestehen die meisten Batterien noch aus schweren Bleiplatten. Das Elektroauto muss neben den Personen auch noch die schweren Batterien mitschleppen. Das heißt: Es fährt langsamer als unsere jetzigen Autos. Außerdem müssen wir mit diesen Fahrzeugen ungefähr alle 100 Kilometer anhalten, zum Aufladen der Batterien. Und das braucht Zeit, etwa fünf Stunden pro Batterie. Bei einer Urlaubsreise von München nach Italien müssten wir also 10-mal jeweils fünf Stunden Pause einlegen. Alleine für die Hin- und Rückfahrt ginge fast eine ganze Ferienwoche drauf. Wer will das schon? Außerdem, wo kommt der Strom für die rund 230000 Millionen Fahrzeuge in Europa her? Würden Elektroautos sich durchsetzen, wäre es auf jeden Fall leiser. Darüber würden sich sicher diejenigen besonders freuen, die in der Nähe von verkehrsreichen Straßen und Kreuzungen wohnen.

Die umweltfreundlichsten Autos

Das Gleiche gilt für Autos, die nur mit Wasserstoff fahren. Auch sie schlucken Unmengen Energie. Denn um Wasserstoff herzustellen, braucht man Strom. Dafür haben diese Autos einen riesigen Vorteil: Sie verpesten die Luft nicht. Alles, was aus ihnen herauskommt, ist harmloser Wasserdampf.

Auch aus einem *Solarauto* kommen keine Schadstoffe. Allein die Kraft der Sonne treibt es an. Es ist so platt wie ein Blechkuchen – nur so passen möglichst viele Solarzellen auf das Autodach. Diese Solarzellen wandeln das Sonnenlicht direkt in elektrischen Strom um, und der treibt den Elektromotor an. Der Strom wird in Batterien gespeichert, die im Kofferraum liegen. Aber was macht man in Ländern, in denen die Sonne nicht so viel scheint, oder bei Nachtfahrten? Blöd, wenn einem das in den Bergen oder in einsamen Gegenden passiert, wo keine Hotels in der Nähe sind.

Hybridfahrzeuge, die Mischlinge auf den Straßen

Ganz ohne Benzin wird es vermutlich in den nächsten Jahren noch nicht gehen. Zunächst werden sich wohl die sogenannten *Hybridfahrzeuge* durchsetzen. In diesen Autos sind sowohl ein Elektro- als auch ein normaler Verbrennungsmotor eingebaut. Das Hybridauto regelt automatisch, wann der Elektromotor und wann der normale Motor anspringen soll. Vielleicht kennt ihr auch jemanden, der ein solches Mischlings-Auto benutzt. Allerdings sind in Deutschland bisher nur etwa 10000 Hybridfahrzeuge unterwegs.

In 25 Jahren, so schätzen Experten, wird wahrscheinlich die Hälfte aller Zukunftsautos mit diesen zwei Motoren herumdüsen. Damit verbrauchen wir weniger Benzin, also Erdöl, und tun gleichzeitig etwas für die Umwelt.

Wenn irgendwann einmal alle Autos ohne Benzin fahren könnten, wäre auf jeden Fall die Luft besser. Und leiser wäre es vermutlich auch. Vielleicht würden sich die Motoren dann eher wie schnurrende Kater anhören.

Und was sagt ihr dazu?

Bene, Philipp, Laura und Maximilian, 10 Jahre, aus München:

Philipp: Es riecht mehr nach Landschaft – auch in den Städten wäre es nicht mehr so stinkig. Es könnte nach Mais, nach Raps und nach Zuckerrohr riechen.

Laura: Aber was wäre dann mit den Tankstellen? Die würden doch alle pleitegehen, wenn keiner mehr Benzin bräuchte.
Maximilian: Ohne Benzin, das finde ich gut. Denn die Erdölvorräte sind irgendwann aufgebraucht, dann hätten wir auch andere Treibstoffe, mit denen wir fahren könnten.
Bene: Die Erde wäre nicht so verschmutzt, weil weniger Kohlendioxid in die Luft gepustet würde. Und wir müssten nicht so viel Geld fürs Benzin ausgeben.

17 Was wäre, wenn alle Menschen von der Erde verschwinden würden?

Stellt euch vor: Ihr seid eine Eule und schaut, während der Wind euch trägt, auf die Erde hinab. Genau in dem Moment, in dem gerade alle Menschen wie vom Erdboden verschluckt worden sind:

Zuerst einmal ist es plötzlich ziemlich still. Der Lärm von Autos, Lkws, Zügen, Schiffen, Baustellen, Fabriken und so weiter verstummt. Stattdessen hört ihr die Geräusche der Natur viel besser: das Windrauschen, das Vogelgezwitscher und das Wasserplätschern der Flüsse zum Beispiel. Zu der Stille kommt die Dunkelheit in der Nacht dazu: Keine Straßenlaternen, keine Ampeln und auch keine beleuchteten Schaufenster, Kirchen, Krankenhäuser und andere Bauwerke – alles stockdunkel. Denn nach kurzer Zeit fallen die Kernkraft- und Kohlekraftwerke aus – wenn sich niemand mehr um den Nachschub kümmert.

Tiere erobern die Städte zurück

Huch, was ist denn da unten in der Stadt los? Füchse, Wölfe, Wildschweine und Rehe streunen durch die verlassenen Städte und bauen sich Höhlen in den Steinbrüchen. Auf den Kirchtürmen nisten sich Bussarde und Turmfalken ein, die sonst Angst vor Menschen haben. Braunbären klettern in den Klassenzimmern herum und sorgen dort für Chaos. Auch ihr als Eule lasst euch jetzt hinabgleiten und sucht euch einen Rastplatz zum Schlafen im Geäst einer alten Fichte.

Was passiert nach einigen Wochen, Monaten und Jahre?

Die Haustiere, falls sie es überhaupt ohne den Menschen schaffen, verwildern. Die größte Überlebenschance hätte dabei die Katze, weil sie das Jagen nie verlernt hat. Am meisten könnten sich die bedrohten Tierarten darüber freuen, dass der Mensch weg ist. Denn jeden Tag sterben 150 Tier- und Pflanzenarten aus. Schuld daran ist der Mensch! Vielleicht würden dann einige von ihnen doch noch überleben, wie etwa die Flussperlmuschel in Europa, der Gepard in Afrika und der Orang-Utan in Asien.

Aus Grau wird Grün

Mit der Zeit breiten sich Pflanzen in jedem Winkel aus und überwuchern die Städte. Baumwurzeln sprengen das Straßenpflaster und hinterlassen hubbelige Wege.

Denkt einmal daran, wie eure Stadtparks, Fußballwiesen und Spielplätze verwildern und sich nach und nach in urige Wälder verwandeln. Auch die Autobahnen wären schon nach wenigen Jahren von Wiesen und kleinen Bäumchen zugedeckt.

Frost und Stürme greifen die Holzhäuser an und nach einigen Jahrzehnten und Jahrhunderten zerfallen auch die stabileren Steinhäuser wie Schulen, Hochhäuser, Einkaufszentren und Kirchen. Anders als die berühmten Tempelanlagen in Asien oder die Pyramiden in Ägypten zersetzen sich unsere modernen Gebäude viel schneller. Am längsten, so meinen Bauingenieure, würden die Betonpfeiler von Brücken in die Luft ragen.

Während der heißen Jahreszeit wüten Waldbrände, die keiner löscht. Schwarze Asche begräbt ganze Gebiete unter sich.

Mischwälder breiten sich aus

Wenn wir ungefähr 200 bis 300 Jahre nach dem Verschwinden des Menschen auf die Erde schauen, dann sehen wir riesige Waldgebiete zum Beispiel da, wo Kanada oder Nordamerika liegen. Denn Eisenbahnschienen und Öl-Pipelines, die in der Landschaft ein Schlangenmuster hinterlassen, brauchen so lange, um ganz zu verschwinden – schätzen die Forscher. Nach weiteren hundert Jahren wachsen an den Stellen Laub- und Nadelbäume in den Himmel.

Die Erde würde uns recht schnell vergessen

Von uns Menschen wären in einigen Tausend Jahren fast alle Spuren verwischt. Aber unter der Erde würde es anders aussehen. Andere Lebewesen, zum Beispiel Außerirdische oder fremde Raumfahrer (falls es sie gibt!), könnten Schächte, Kanäle und Telefonkabel entdecken, die ihnen etwas über unsere Lebensweise verraten würden. Dort fänden sie auch versteinerte Überreste und Skelette, die Geschichten über uns erzählen. Durch solche Funde können wir uns heute ja auch das Leben der ausgestorbenen Dinosaurier oder der riesigen Mammuts vorstellen.

Wer wird der Nachfolger des Menschen?

Vielleicht übernimmt aber auch ein anderes Lebewesen unseren Platz, als Nachfolger des Menschen. Die Säugetiere und der Mensch konnten sich auch erst nach dem Aussterben der Saurier entwickeln und ausbreiten. Werden es die hochintelligenten Ratten sein? Oder die Ameisen? Ameisen gibt es sowieso schon überall: in Städten, in Wäldern, im Dschungel und sogar in Wüsten. Sie können nämlich überall leben und sind perfekt organisiert. Stellt euch vor: Ameisen bauen Straßen, Hochhäuser und Brücken, beackern die Böden und schaffen vieles mehr. Nur eben alles in Ameisen-Dimensionen. Die Biologen meinen, dass wohl kein Tier den Mensch ablösen wird. Schließlich ist die Natur fast immer ohne den Menschen oder ein anderes Lebewesen ausgekommen. Denn auch die Saurier haben unseren Planeten nur für relativ kurze Zeit beherrscht. Gemessen an dem hohen Alter der Erde von 4,6 Milliarden Jahren hätten wir nur einige Wimpernschläge auf ihr gelebt.

Kaum zu glauben:

Damit unsere Spuren doch nicht so schnell ausgelöscht werden, wurde im Jahr 2008 eine tiefgekühlte Schatzkammer gebaut. Das ist eine Art Frost-Tresor, der Millionen von Pflanzensamen speichert. Darunter sind zum Beispiel auch Weizen-, Kartoffel- und Obstbaumsamen. Dafür wurden auf Spitzbergen in der Nähe des Nordpols extra drei Hallen in einen Berg gebohrt. Wenn Nachfolger diesen Vorrat finden, könnten sie daraus vielleicht auf unsere Essgewohnheiten schließen – natürlich nur, wenn sie die Gemüsesamen dann auch anpflanzen würden …

Regen
Sonne

18 Was wäre, wenn wir das Wetter machen könnten?

Das Wetter selbst machen zu können, davon träumen die Menschen seit jeher. Bei Ureinwohnern in Amerika oder Afrika findet sich etwa die Idee, es regnen zu lassen, wann man will. Dafür hatten die Indianer einen sogenannten »Regenmacher«. Das war ein auserwähltes Stammesmitglied, das die besondere Fähigkeit besaß, den Regen herbeizuzaubern. Dafür tanzte der »Regenmacher« mit einem hohlen, von Ameisen zerfressenen großen Ast in der Hand ums Feuer herum. Dieses Holzinstrument heißt deshalb noch heute Regenmacher und rauscht so schön wie ein Sommerregen.

Wetter-Wünsch-Maschine für Landwirte

Das Wettermachen wäre heute vor allem für die Bauern praktisch. Sie würden sich dann immer die richtige Menge Wasser und Sonne für ihre jeweiligen Pflanzen wünschen. Aber was wäre die richtige Menge? Der Bauer in Brasilien bräuchte für seine Zuckerrohr-Felder ganz anderes Wetter als derjenige in Deutschland für seinen Weizen. Selbst die einzelnen Bauern aus ein und demselben Land würden sich für ein und denselben Tag sicher ganz unterschiedliches Wetter wünschen. Es wäre also mit einem ziemlichen Chaos und viel Streit zu rechnen, oder? Vielleicht würden die Menschen sogar einen richtigen Wetterkrieg anzetteln?

Ein noch größeres Durcheinander würde es geben, wenn tatsächlich jeder einzelne Mensch, vielleicht per Knopfdruck am Computer oder an einer Wetter-Wünsch-Maschine Nebel, Sonne, Regen, Hagel, Schnee, Wind und so weiter bestellen könnte je nachdem, ob er gerade durch Pfützen springen oder ein Sonnenbad nehmen möchte.

So gesehen ist es ein Glück, dass das mit dem Wettermachen in Wirklichkeit nicht so richtig klappt. Obwohl Wetterforscher schon seit 100 Jahren auf der Suche nach dem Geheimnis sind. Die Weltmeister im Wetterzaubern sind Russland und China. Daneben arbeiten Meteorologen, also Wetterforscher, auch in 28 anderen Ländern an verschiedenen Wetter-Projekten, so etwa auch in Deutschland. Aber das Ganze ist sehr aufwendig, kostet viel und gelingt selten.

Regen erzeugen ist leichter als Regen verhindern

Das Regenmachen ist vergleichsweise am einfachsten. Das Zaubermittel heißt: Silberjodid. Dieses gelbe Salz wird schon seit 1946 mit Flugzeugen in Gewitterwolken geblasen. Auf diese Weise werden die Wolken auf Kommando zum Abregnen gebracht. Die vielen winzigen Kristalle des Silberjodids lassen nämlich das Wasser in den Wolken zu kleinen Hagelkörnern gefrieren. Dadurch wird die Wolke so schwer, dass sie abregnen muss. Bis die Hagelkörner auf der Erde ankommen, sind sie größtenteils wieder zu Regentropfen geschmolzen.

In Russland wird die Silberjodid-Methode gerne vor Feiertagen angewandt. Das ist praktisch, damit sich an freien Tagen jeder über schönes Wetter freuen kann. Auch bei wichtigen politischen Ereignissen, wie Staatsbesuchen, möchte man für schönes Wetter sorgen. Und das bedeutet für die Regenmacher: ran an die Arbeit. Mit dem gezielten Abregnen versuchen die Wettermacher außerdem Waldbrände schneller zu löschen. Auch versucht man Wirbelstürme so umzulenken, dass sie nur an den Stellen wüten, wo sie keine bewohnten Gebiete zerstören können. Um das zu erreichen, müsste etwa weniger Wasserdampf über dem Meer nach oben steigen. Die feuchtwarme Luft, die als Wasserdampf aufsteigt, ist nämlich wie Futter für die Wirbelstürme. Das heißt also: Je mehr Wasserdampf, desto heftiger wüten die Wirbelstürme. Vielleicht könnte irgendwann einmal ein umweltfreundlicher Ölfilm die Meeresoberfläche an den Stellen abdecken, an denen solche Stürme schneller entstehen. Bisher träumen die Forscher nur davon.

Wettermachen per Mausklick am Computerbildschirm

Wie genau Wirbelstürme entstehen oder wie sich Hagelwolken bilden, das wissen die Experten inzwischen. Spezielle Computerprogramme, die extra für die Forschung entwickelt wurden, helfen den Wissenschaftlern dabei. Am Computerbildschirm, per Mausklick, können sie alles ausprobieren und jedes Wetter stattfinden lassen. Denn am

Computer ist alles möglich: Regen erzeugen und wieder abschalten, Wirbelstürme wie zum Beispiel Hurrikans von Küsten, Inseln und Städten umleiten – auf Knopfdruck, alles kein Problem. Hier mal Wärme dazugeben, dort mal mehr oder weniger Wasserdampf entstehen lassen für Nebelfelder und so weiter. So einfach und genau funktioniert das aber bisher eben nur am Computerbildschirm. Bis das in Wirklichkeit alles so klappt, kann es noch viele Jahre dauern.

Doch Wettermachen bedeutet auch Macht und damit Gefahr: Einzelne Staaten könnten sogenannte »Wetterkriege« gegeneinander führen. Was wäre, wenn etwa ein Land seine Feinde mit langen Trockenzeiten bestrafen oder wichtige Flughäfen einnebeln würde oder wenn Wirbelstürme gezielt ganze Erdteile zerstörten?

Und was sagt ihr dazu?

Philipp, Franziska und Maxi, 9 Jahre, aus München:

Philipp: Wenn wir das Wetter machen könnten, gäbe das ein totales Chaos, weil jeder sich ein bisschen anderes Wetter wünschen würde: Mal schneit es, urplötzlich wird es wieder knallheiß. Wir müssten uns immer umziehen. Die vier Jahreszeiten würden sich nicht mehr ändern, denn wenn sich jemand Schnee wünscht, bleibt vielleicht ein Jahr lang Schnee liegen.
Franziska: Aber wenn ein Tier Sommerfell hat, und plötzlich schneit es, dann ist es ja ganz schön kalt für die Tiere – und auch umgekehrt: Wenn ein Tier Winterfell hat, und die Sonne kommt wieder heraus, dann wird es denen ja auch zu heiß.

Maxi: Wenn ich das Wetter machen könnte, würde ich es besser verteilen, zum Beispiel in Afrika für genügend Regen sorgen und am Nordpol die Sonne scheinen lassen – so dass es halt auf der ganzen Welt gerecht wäre.

19 Was, wenn die Erde eine Eiskugel wäre?

Lecker, die Erde eine Eiskugel? Vielleicht wäre sie aus Schoko- oder Erdbeereis? Doch wo es Eis gibt, ist es natürlich kalt, eiskalt eben. Und so wäre das auch mit unserer Erde.

Die letzte Eiszeit endete vor 10 000 Jahren

Wir bräuchten erst einmal sehr warme Kleidung, so wie die Steinzeitmenschen. Sie mussten sich mit den Fellen von Mammuts und Höhlenbären gegen die klirrende Kälte schützen. Ihre Kleider, aber auch ihre Zelte und Betten bauten die Menschen damals aus den Fellen und Häuten der erlegten Tiere. Nur so überlebten sie die eisigen Nächte. Denn die Erde war das gesamte Jahr über eine bitterkalte Winterlandschaft. Ganze Länder waren mit Eis bedeckt und selbst dort, wo die Eisfläche noch kleine Lücken ließ, war die Natur nur kahl und steinig; für Bäume oder Blumen war es zu kalt. Die Steinzeitmenschen hatten ein hartes Leben. Im Sommer konnten sie jagen und vom Fleisch der Mammuts leben oder ihre gesammelten Beeren und Wurzeln essen. Doch in den noch kälteren Wintermonaten war es mühsam, überhaupt etwas Essbares zu finden. Die Menschen wanderten immer weiter weg vom Eis. Ihre Wege folgten den Tieren und der Wärme. Bis die letzte

Eiszeit schließlich vor rund 10000 Jahren schlagartig zu Ende ging. Warum, ist auch für die Eiszeitforscher immer noch ein Rätsel.

Eine riesige Eiskugel

In der langen Erdgeschichte gab es immer wieder Eiszeiten. Die kälteste Eiszeit überhaupt, vermuten die Forscher, liegt 570 Millionen Jahre zurück, lange bevor Menschen auf der Erde lebten. Sie verwandelte den ganzen Erdball in eine unvorstellbare Kältekammer und dauerte zehn Millionen Jahre. Riesige Gletscher begruben damals das gesamte Land unter sich. Selbst der tropische Regenwald, die heutigen Wüsten, alles war mit Eis überzogen. Flüsse und Seen waren immer gefroren und auch die großen Weltmeere bedeckte eine dicke Eisschicht. Unsere Erde war ein unfreundlicher Ort mit frostigen minus 50 Grad Celsius – so kalt wird es heute nur noch am Südpol. Diese besondere Kältezeit nennen die Eiszeitforscher *Schneeball Erde,* weil die Erde aus dem Weltall betrachtet damals wie ein riesiger Schneeball ausgesehen haben muss – oder wie eine Rieseneiskugel.

Doch warum es die heftigen Kälteperioden überhaupt gibt, ist auch für die Wissenschaft immer noch eine spannende Frage: War es vielleicht eine dichte, schwarze Ascheschicht der Vulkane, die das Sonnenlicht verhüllte, oder gar eine Staubwolke aus dem All, die Licht und Wärme geschluckt hat? All das ist möglich und bleibt doch ein Rätsel. Sicher ist nur, jede Eiszeit hat ihre Spuren hinterlassen, die wir heute noch sehen und finden können. So kommt es, dass die Bauern in Nord- und Süddeutschland manchmal beim Pflügen ihrer Felder plötzlich auf harten Boden stoßen, der ihnen den Pflug zerhaut. Und zum Vorschein kommt ein *Findling*. Ein riesiger, wuchtiger Stein, mehrere Meter breit und hoch, rund wie ein abgelutschtes Hustenbonbon. Diese Findlinge sind Zeugen der letzten Eiszeiten. Die Gletscher haben sie mitgeschleift, und als das Eis zurückging, blieben sie einfach mitten in der Landschaft liegen.

Neue Eiszeiten kommen bestimmt – aber wann?

Würde uns heute eine erneute, extreme Eiszeit erreichen, so wäre dies eine schwierige Aufgabe für die Menschheit. Wir müssten uns vermutlich tief in die Erde eingraben – und dort ein Maulwurfsleben führen. Unsere Städte müssten in unterirdische Schächte verlegt werden, damit wir noch genügend Wärme zum Überleben hätten. Denn nur in der Erde, weit unter dem gefrorenen Eis und in den Tiefen der Ozeane unter der meterdicken Eisdecke könnte es dann noch warm sein. Heiße Quellen oder die Nähe zu Vulkanen sorgen dort für eine lebenswerte Temperatur – aber könnten wir überhaupt so tief unter der Erde oder am Ozeangrund leben, wie Bakterien und Algen? Würden uns nicht Licht und Luft fehlen?

Vielleicht könnte da ein Riesentreibhaus besser helfen. Hoch oben auf einem Gletscher müsste es stehen und viel Wärme und Licht produzieren, um Pflanzen, Tieren und Menschen eine Überlebenschance zu geben. Ganz schöner Energieverbrauch!

Glücklicherweise beruhigen uns aber die Forscher. Denn wir leben momentan in einer Zwischeneiszeit. Und bis die Eismassen wieder vor unserer Tür stehen, werden vermutlich noch Tausende von Jahren vergehen. Bis dahin können wir beim Schlecken vieler Eiscremekugeln neue Ideen ersinnen, um die künftige Eiszeit zum Schmelzen zu bringen.

Kaum zu glauben:

Heute liegt der größte Gletscher der Erde, der *Lambertgletscher*, in der Antarktis, am Südpol. Er ist über 400 Kilometer lang und bis zu 50 Kilometer breit.

Seine Eismassen wären rund 500 Billiarden Eiskugeln, also jede Menge zum Schlecken!

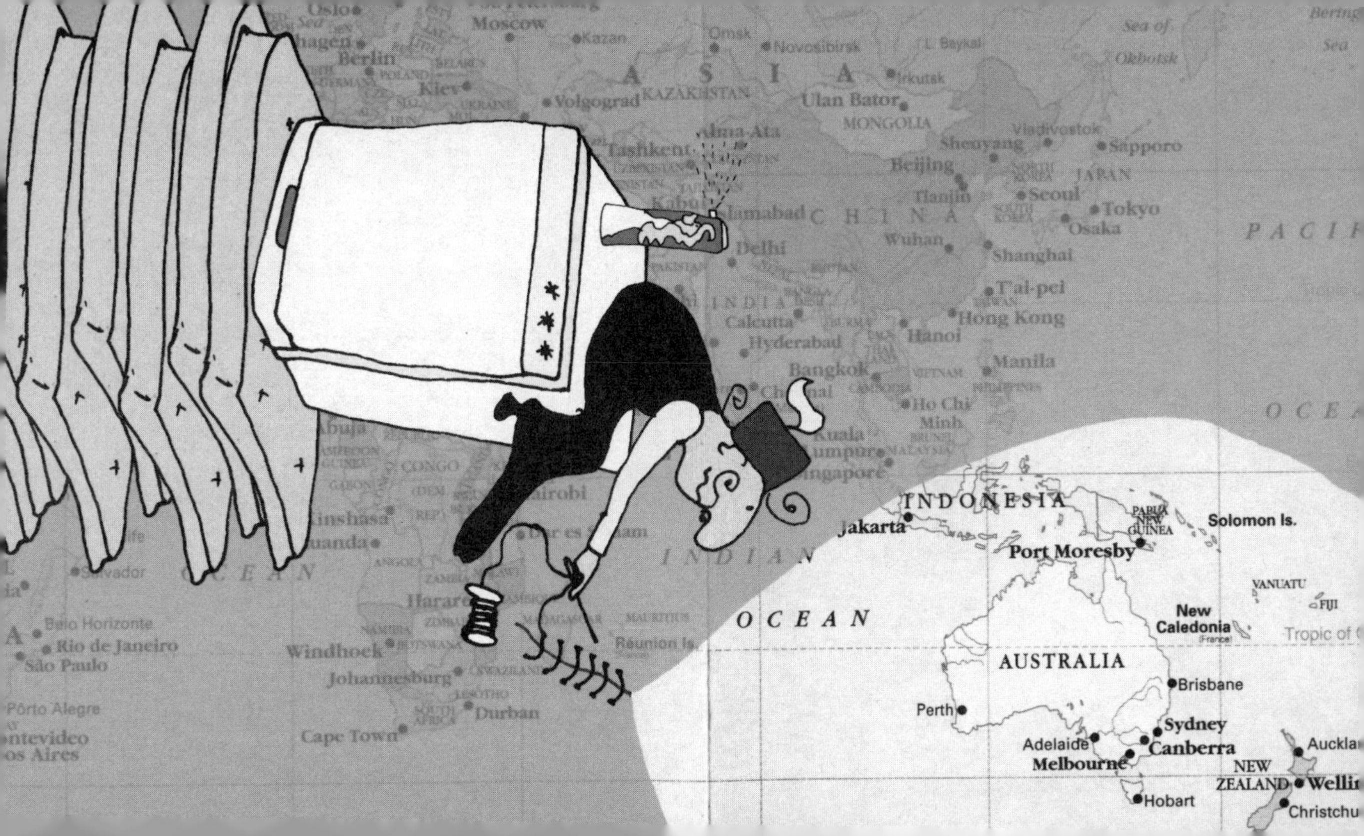

Moscow
Kazan
Omsk
Novosibirsk
Berlin
Kiev
Volgograd
KAZAKHSTAN
A S I A
Irkutsk
Ulan Bator
MONGOLIA
Tashkent
Beijing
Shenyang
Vladivostok
Sapporo
JAPAN
Tianjin
Seoul
Tokyo
Osaka
C H I N A
Wuhan
Shanghai
Delhi
T'ai-pei
Calcutta
Hong Kong
Hyderabad
Hanoi
Bangkok
Manila
Ho Chi Minh
Kuala Lumpur
Singapore
Nairobi
Kinshasa
Harare
Windhoek
Johannesburg
Durban
Cape Town
Salvador
Belo Horizonte
Rio de Janeiro
São Paulo
Pôrto Alegre
Réunion Is.
I N D I A N
O C E A N
INDONESIA
Jakarta
PAPUA NEW GUINEA
Port Moresby
Solomon Is.
VANUATU
FIJI
New Caledonia
(France)
Tropic of
AUSTRALIA
Perth
Brisbane
Sydney
Canberra
Adelaide
Melbourne
Hobart
NEW ZEALAND
Christchu

20 Was wäre, wenn das Ozonloch immer größer würde?

Draußen regnet es und ihr seid unterwegs – zum Glück mit Schirm. Wie praktisch, einfach den Regenschirm aufspannen und die fetten Tropfen können euch egal sein. Wäre da nicht oben an der Schirmspitze die eine Naht aufgegangen, ein kleiner Riss, durch den jetzt der Regen direkt auf eure Nasenspitze tröpfelt. So ein Ärger! Der schönste Schirm bringt nichts, wenn er kaputt ist.

So ist es auch mit der Ozonschicht. Sie ist der Schutzschirm unseres Planeten. Doch sie schützt uns nicht vor Regentropfen, sondern hält Schlimmeres von uns ab: die energiereichen ultravioletten Strahlen der Sonne. Gäbe es die Ozonschicht rund um den Erdball nicht, könnte die Sonne ungehindert auf die Erde niederbrennen, ja gar alles verbrennen. Was aber, wenn die Ozonschicht nun ein Loch hat, genau wie unser Regenschirm? Ein feines, kleines Loch, das immer größer wird?

Hut, Hemd und Creme – Australien ist, wo die Sonne brennt

Über vielen Teilen der Erde ist dies schon der Fall, zum Beispiel über Australien. Die Ozonschicht ist dort nur noch sehr dünn, man spricht dann von einem *Ozonloch*. An dieser Stelle kann die Sonne besonders stark hindurchscheinen und mit aller Kraft auf die Erde treffen. Doch leider ist es nicht nur ein kleines Loch über Australien. Überall rund um den Erdball gibt es Ozonlöcher, die für uns alle gefährlich werden können. In Australien kennt schon jedes Kindergartenkind die Faustregel: slip, slop, slap. Was so viel heißt, wie: slip – zieh dir ein T-Shirt an, slop – schmier dich mit Sonnencreme ein, und slap – setz dir einen Hut auf. Nur so geht man raus in die Sonne. Mittags an den Strand gibt's nicht und in der Pause auf dem Schulhof trägt man natürlich einen Hut.

Doch warum so ein Aufwand für ein bisschen Sommersonne? Sie ist doch auch gesund, die Sonne, und lebensnotwendig? Ja, aber je dünner die Ozonschicht und je größer das Ozonloch, umso gefährlicher die Sonne. Unsere Haut und unsere Augen leiden dann unter den viel zu starken Strahlen, Hautkrebs kann die Folge sein. Schwer trifft es auch die Pflanzen und Tiere, denn sie können sich nicht wie wir mit Hut, Hemd und Sonnenblocker schützen, sondern sind der sengenden Sonne ausgesetzt und können erkranken oder sterben.

Ein weiteres Problem gibt es für das *Plankton* im Meer. Diese kleinen Pflanzen, die in den obersten Wasserschichten der Meere leben, sterben ebenfalls durch zu starkes Sonnenlicht. Ohne das Plankton hätten aber viele Meerestiere kein Futter mehr. Und auch wir Menschen müssten leiden, denn das Plankton liefert uns wertvollen Sauerstoff zum Atmen.

Würde das Ozonloch also weiter wachsen und das ultraviolette Licht der Sonne mehr und mehr ungefiltert auf die

Erde treffen, so könnten wir nicht mehr leben. Die Sonne würde alles zerstören: Menschen, Tiere und Pflanzen. Nur im Schutz der Meerestiefen, wo die Sonnenstrahlen nicht so stark hinunterscheinen, gäbe es noch Leben.

Doch zum Glück haben wir das Problem erkannt. Das Ozonloch muss nicht sein.

Warum gibt es das Ozonloch überhaupt?

Kühlschrank, Haarspray und Schaumstoffmatratzen kennt ihr alle, benutzt sie vielleicht täglich. Doch was haben diese drei Dinge gemein? Sie sind Ozonkiller, denn sie zerstören die Ozonschicht. Aber wie bitte kann ein Kühlschrank die Ozonschicht schädigen? Lange Zeit haben auch die Wissenschaftler nichts davon gewusst. Erst vor rund 40 Jahren haben zwei britische Wissenschaftler ein Ozonloch entdeckt und begannen zu forschen, warum es dieses Loch überhaupt gibt. Ihr Ergebnis hat die ganze Welt erschreckt: Wir Menschen sind es, die das Ozonloch verursachen. Mit den sogenannten *Fluorchlorkohlenwasserstoffen*, kurz FCKW genannt. Und genau dieses FCKW ist in unseren Kühlschränken, in Sprays oder in bestimmten Schaumstoffen. Hier unten auf der Erde ist FCKW ganz ungefährlich, es stinkt nicht und ist völlig ungiftig für uns. Erst wenn es in die Luft kommt und in den Himmel aufsteigt bis hoch zur Ozonschicht, wird es zum Killergas.

Viele Länder der Erde haben sich deshalb verpflichtet, nur noch Kühlschränke und Haarsprays ohne FCKW zu verkaufen, damit die Ozonschicht nicht weiter zerstört wird.

Das hatte Erfolg. Seit einigen Jahren ist das Ozonloch nicht weiter gewachsen. Wissenschaftler aller Länder hoffen nun, dass sich die Ozonlöcher wieder schließen. Doch das wird Jahre dauern, zudem müssen sich alle an die strengen Vorschriften halten und kein neues FCKW mehr produzieren.

Es bleibt also eine große, gemeinsame Aufgabe für alle Menschen der Erde, zu verhindern, dass das Ozonloch wieder größer wird.

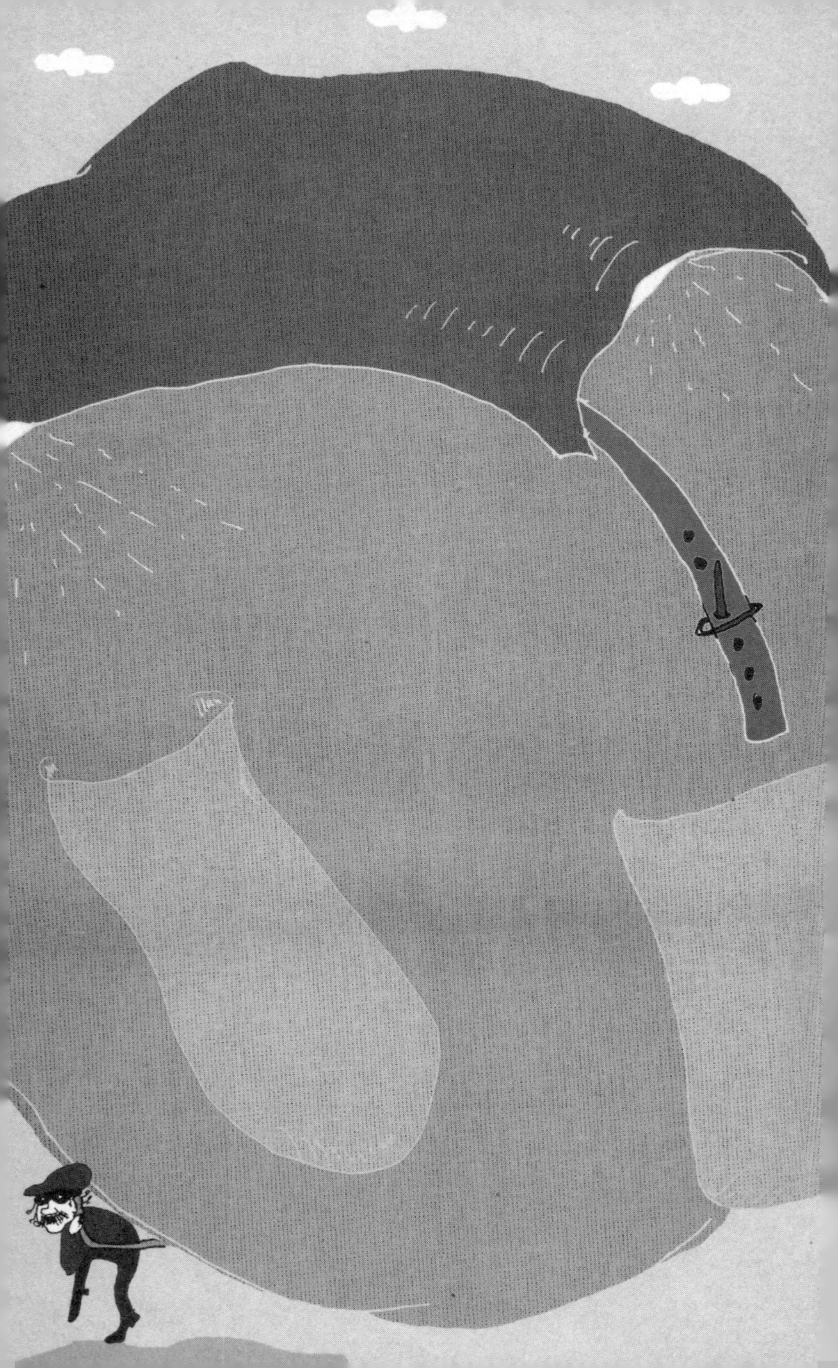

21 Was wäre, wenn die Sonne nicht mehr scheinen würde?

Es ist noch nicht allzu lange her, da trugen die Leute in ganz Europa merkwürdige, silbrig glänzende Brillen auf der Nase. Es war der 11. August 1999, alle starrten angestrengt in den Himmel. Manche hatten sich Klappstühle in die Sommersonne gestellt, andere ihre Teleskope aufgebaut, als sich plötzlich, zur hellsten Mittagszeit, der Mond vor die Sonne schob. Immer dunkler und dunkler färbte sich der Himmel, ein Wind kam auf und es wurde kalt. Dann verdeckte der Mond die Sonne schließlich ganz. Statt des runden, strahlenden Sonnenballs, war nur noch eine schwarze Scheibe mit zartem Lichtkranz am Himmel zu sehen. Eine totale *Sonnenfinsternis*! Überall war es still, selbst die Vögel hatten schlagartig aufgehört zu singen und die Menschen in ganz Europa schauten minutenlang staunend in den Himmel. Dann wanderte die Sonne schließlich wieder langsam aus dem Mondschatten hervor und stand wie eh und je am Himmel. Alle waren sehr ergriffen, aber auch erleichtert: Die Sonne war wieder da!

Wird die Sonne ewig scheinen?

Das Spektakel der Sonnenfinsternis verrät, wie plötzlich sich die Welt und unser Leben verändern könnten, wenn die Sonne nicht mehr schiene. Ohne sie wäre die Erde nur ein dunkler, eiskalter Planet. Doch wer ist diese gigantische Himmelskraft eigentlich, die alles am Leben hält?

Die Sonne ist der uns am nächsten gelegene Stern. Ein Riesenball aus heißem Gas, der in seinem Zentrum die unvorstellbare Temperatur von 15 Millionen Grad erreicht. Schon seit Milliarden von Jahren scheint sie tagtäglich auf uns nieder. Doch selbst die enorme Energie der Sonne wird tatsächlich einmal erlöschen. Wissenschaftler haben berechnet, dass die Sonne noch fünf Milliarden Jahre lang für uns scheinen wird. Dann hat sie all ihre Energie verbraucht und wird zu einem *weißen Zwerg* zusammenschrumpfen, der nur noch die Größe der Erde hat und ein kleiner, unbedeutender Stern am Himmel ist.

Wer auch heute schon einmal Tage ohne Sonnenlicht erleben möchte, der muss eine weite, beschwerliche Reise auf sich nehmen. Er braucht warme Kleidung und auch ein wenig Mut. Unsere Reise geht zum Südpol, ins Ewige Eis. Kommt mit.

Aus dem Tagebuch eines Polarforschers

Neumayer-Station, Antarktis

29. Juni 2008. Es ist sechs Uhr am Morgen und Aufstehzeit für unser Team. Gleich treffen wir uns in der Stationsküche zum gemeinsamen Brötchenbacken, wie jeden Morgen. Mit dabei sind vier Wissenschaftler, unser Koch, zwei Ingenieure, ein Elektriker und ich, der Stationsleiter und Arzt der deutschen Neumayer Station in der Antarktis. 15 Monate werden wir hier zusammen bleiben, in der

Atkabucht, ganz im Norden der Antarktis, noch viele Kilometer vom eigentlichen Südpol entfernt. Doch auch hier, rund um unsere Station, herrscht eisige Kälte. Heute sind es minus 43 Grad draußen und ein heftiger Schneesturm tobt über der Station, die sich 15 Meter tief im Eis befindet. Derart eingegraben sind wir gegen die schweren Polarstürme gut geschützt. Um ans Tageslicht zu kommen, müssen wir fast 100 Stufen emporsteigen, und ob sich oben, über dem Eis, tatsächlich die Sonne für uns blicken lässt, ist nicht sicher. Denn in der Zeit der Polarnächte, die von Ende Mai bis Mitte Juli dauern, bleibt die Sonne immer hinter dem Horizont verborgen. In dieser Zeit hat man ein bis zwei Stunden Dämmerung, dies bedeutet, es ist so hell wie kurz vor dem Sonnenaufgang bei uns zu Hause.

Direkt am Südpol ist es während der Polarnächte ganz finster, dort herrscht die ganze Zeit völlige Dunkelheit, eigentlich schwer vorstellbar …

Doch denkt nicht, dass wir hier ganz auf das Himmelslicht verzichten müssen. Wenn sich die Schneestürme legen und die Nächte klar sind, scheinen Mond und Sterne in voller Pracht auf unsere Station, der Schnee reflektiert ihr Licht und macht es so in manchen Nächten richtig hell. Ein kleiner Trost für die fehlende Sonne. Da die Luft in der Antarktis besonders rein ist, können viele große und kleine Milchstraßen beobachtet werden und ich habe hier schon Sterne entdeckt, die es auf der Nordhalbkugel nicht zu sehen gibt.

Doch heute hüllt der schwere Sturm alles in einen grauen Schneeschleier, und es ist gefährlich, die Station überhaupt zu verlassen, da man im Schneetreiben und ohne Tageslicht schnell die Orientierung verliert. In der stürmischen Zeit wird in erster Linie unten in der Station gearbeitet, nicht nur an Forschungsprojekten, sondern auch im Haushalt. Kochen, putzen, Schnee schmelzen zur Trinkwasserversorgung und jetzt erst mal unsere Frühstücksbrötchen backen. All diese Arbeiten erledigen wir als Team gemeinsam und versuchen, es uns dabei so richtig gemütlich zu machen. Denn nur wer die Sonne im Herzen trägt, der kann hier auch eine Weile ohne sie auskommen.

Kaum zu glauben:

Sonnenuntergänge sind etwas Wunderschönes, immer wieder kann man sie beobachten und über ihre Farbenspiele am Himmel staunen. Doch wisst ihr eigentlich, dass die Sonne schon längst weg ist, während wir sie noch untergehen sehen?

Kein Wunder, bei 150 Millionen Kilometer Entfernung. Bei dieser langen Strecke braucht das Sonnenlicht etwa acht Minuten, um uns zu erreichen. Und das bedeutet für den Sonnenuntergang: Wir sehen ihn erst acht Minuten, nachdem er tatsächlich stattgefunden hat.

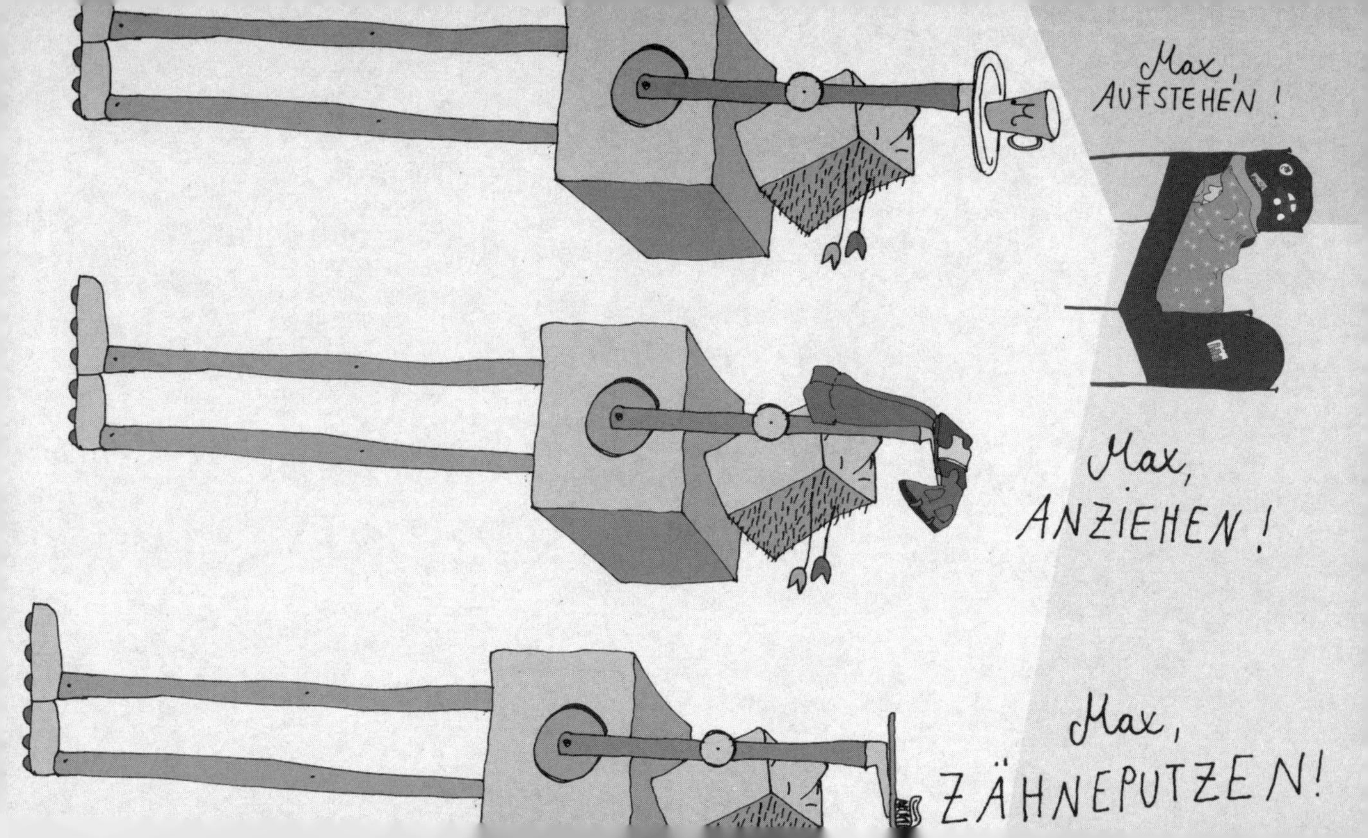
Max, AUFSTEHEN!
Max, ANZIEHEN!
Max, ZÄHNEPUTZEN!

22 Was wäre, wenn ihr einen Roboter zum Freund hättet?

Was sagt ihr dazu?

Andi und Lea, 9 Jahre, aus München:

Andi: Ich fände das gut, der Roboter würde mir dann sicher viel Arbeit abnehmen. Z.B. wenn ich Hausaufgaben aufhätte, würde ich zu ihm sagen: »Mach meine Hausaufgaben, bitte!« Und er würde Sachen für mich erledigen, wie Tischdecken und so was, während ich etwas anderes machen könnte.
Lea: Ich fände es nicht so toll, denn wenn er alles für dich macht, machst du ja gar nichts mehr und liegst nur auf der Couch herum, und dadurch würde man ganz schön faul.

Robbi, der Kinderroboter, klingelt wie ein Wecker. Es ist Montagmorgen, Aufstehzeit für Max. Der noch weiterschlafen will. Robbi bringt eine Tasse Kakao ins Kinderzimmer und sagt mit monotoner, langsamer Stimme:
Guten Morgen, es ist Montag 7:00 Uhr, Zeit zum Aufstehen, lieber Max.
Max dreht sich grummelnd im Bett um.
Der Roboter wiederholt:
Guten Morgen, es ist Montag 7:00 Uhr, Zeit zum Aufstehen.
Max will immer noch nicht.

Der Roboter dreht sich brummend im Kreis, fährt zum Lichtschalter und knipst das Licht an. Seine eingebaute Kamera signalisiert ihm, dass Max immer noch im Bett liegt. Robbis Bewegungen werden immer hektischer, seine Stimme immer lauter …
Guten Morgen, es ist Montag 7:03 Uhr, Zeit zum Aufstehen.
Endlich öffnet Max vorsichtig die Augen und nimmt von Robbi die Tasse Kakao entgegen – der leider schon kalt geworden ist.
Max: Oh schade, nicht mehr warm.
Robbi blinkt, dreht sich im Kreis:
Danke, danke, Max.
Dass Max' Kakao längst kalt ist, hat Robbi nicht mitbekommen …

Das wäre doch eine gelungene Überraschung, am Morgen von einem Roboter geweckt zu werden. Mit einem Kakao direkt am Bett. Die Kleider trägt Robbi gleich über dem Arm. Die Zahnbürste ist schon mit Zahnpasta bestrichen und das Frühstück natürlich längst vorbereitet. So kann der Tag beginnen. Wenn Max schlechte Laune hat, merkt das allerdings keiner, denn Robbi ist eine Maschine, der Gefühle nichts sagen. Und mit der Unterhaltung hapert es auch manchmal.

Max: Mir geht's nicht gut, ich kann heute nicht in die Schule.
Robbi: Es ist Montag, 7:17, Zeit sich anzuziehen.
Max: Oh, keine Lust.
Robbi: Es ist Montag, 7:18, Zeit sich anzuziehen.

Was denkt ihr, wie die Sache endet – geht Max wieder ins Bett, oder bleibt Roboter Robbi hartnäckig?

Robbi lässt nicht locker. Er wurde so programmiert, um als Serviceroboter im Haushalt und als Kindermädchen zu funktionieren. Auf seinem Chip sind feste Termine und Aufgaben gespeichert, wie das morgendliche Aufstehprogramm mit Max. Was ja gar nicht so einfach ist …

Doch Robbis Arbeitstag beginnt schon viel früher. Um 5:00 Uhr, da schlafen Max und seine Eltern noch tief, setzt sich die Mechanik von Robbi in Bewegung, denn die Hausarbeit in der Küche wartet auf ihn. Alle Funktionen von Robbi werden hochgefahren. Die Kamera, oben in seinem Plastikkopf, damit er sieht. Die Mikrofone, damit er Geräusche und Sprache aufnehmen kann, um mögliche Anweisungen seiner Hausherren auszuführen. Seine Bewegungssensoren, damit er nicht gegen Wände fährt oder gar mit seinen menschlichen Mitbewohnern zusammenstößt. Dann läuft alles nach Plan, so wie jeden Morgen: Er räumt mit seinen dünnen Dreharmen und seinen Zangenfingern die Spülmaschine aus. Er fährt auf seinen Rollbeinen zwischen Schrank und Tisch hin und her: erst die Teller, dann die Tassen, dann die Messer. Langsam, aber genau nach Vorschrift deckt Robbi den Frühstückstisch. Zurück in der Küche, bedient er die Kaffeemaschine, presst frischen Orangensaft und bereitet Kakao für Max. Dann fährt er nach draußen, holt die Zeitung aus dem Briefkasten und misst dabei mit seinem eingebauten Sensor die Außentemperatur. Schließlich fährt Robbi zum Kleiderschrank von Max, um die passenden Kleider für das heutige Wetter zu suchen. Ab 7:00 Uhr beginnt dann der Weckdienst.

Wenn Max schließlich aus dem Bett ist und angezogen mit seinen Eltern beim Frühstück sitzt, hat Robbi schon wieder seine nächste Aufgabe zu meistern. Heute ist der Garten dran. Rasen mähen, Straße kehren, Blätter aufsaugen. Wenn alle aus dem Haus sind, beginnt Robbi mit Staubsaugen, Wäschesortieren und Fensterputzen.

Bis 14:00 Uhr ist er mit allem fertig, denn jetzt kommt Max aus der Schule zurück.

Robbi: Hallo Max, wollen wir spielen?
Max: Ja gut, eine Partie Schach.
Robbi: Eine Partie Bach?
Der Roboter fährt Richtung Klavier und beginnt ein Musikstück von Bach zu spielen.
Max: Nein, stopp, Robbi, stopp. Ich will S-c-h-a-c-h spielen.
Robbi: Sorry, sorry – Fehler im System …
Max spricht langsam und sehr deutlich in die Richtung von Robbis Mikrofon. Der Roboter hält alle Funktionen sofort an. Es dauert eine Weile, dann hat Robbis Sprachspeicher das Wort Schach verstanden und entschlüsselt.

Für Max und Robbi kann das Spiel beginnen. Wer wohl gewinnt?

Es ist noch eine Zukunftsfantasie, dass ein Roboter so mit uns Menschen im Haus lebt und fast ein Teil der Familie wird.

Tatsächlich können Roboter heute schon sehr viel, aber nur einzelne Dinge von unserem Robbi, nie alles auf einmal. So kann der eine Roboter den Rasen mähen, ein anderer Fenster putzen, Staub wischen oder Schach spielen. Ein Alles-Könner-Roboter wie Robbi allerdings braucht noch viel technische Entwicklung. Da ist zum Beispiel unsere Sprache, die für einen Roboter ein schwerer Brocken ist. Zu vielfältig sind Betonung und Laute, so dass die Informationen nur schwer verarbeitet werden können. Auch der aufrechte Gang ist für einen Roboter eine Riesen-Aufgabe. Denn das menschliche Gehen ist ein so kompliziertes Zusammenspiel von Muskeln und Gelenken, da kommt das Rechenzentrum des Roboters kaum hinterher. Ein laufender Robbi ist daher der große Stolz der Forscher, auch wenn die heutigen Roboter eher schleichen als rennen.

Doch das wird sich ändern. Denn der Roboter als Hilfsmaschine wird immer mehr unseren Alltag begleiten. Heute werden mit Hilfe von Robotern Autos gebaut, Operationen durchgeführt oder gefährliche Polizeieinsätze, wie Bombenentschärfungen, mit ihnen geplant. Doch in Zukunft werden die Roboter auch in unseren Häusern anzutreffen sein, im direkten Kontakt mit uns. Als Pflegehilfe für alte, kranke Menschen können sie beim Aufstehen und Laufen helfen. In Krankenhäusern übernehmen sie Botengänge und erinnern die Patienten an ihre Medikamente. Und schließlich könnten sie auch eines Morgens an eurem Bett stehen und euch einen Kakao bringen.

III
Vom Zeitanhalten bis zum Besuch bei Gott

SPUL
SPINAT

23 Was wäre, wenn ihr eure Eltern erziehen müsstet?

Deborah, 11 Jahre, aus Landau i.d. Pfalz:

Sie dürfen nicht meckern.
Sie dürfen nicht länger telefonieren als eine Viertelstunde.
Täglich eine Stunde putzen.
Mein Vater macht täglich mein Bett und räumt mein Zimmer auf.
Meine Mutter macht mir meine Hausaufgaben.

Anna, 10 Jahre, aus Biederitz:

Wenn Mama sehr hektisch ist, finde ich das blöd. Sie reagiert meistens über und ich bekomme dann heftige Strafen, zum Beispiel Fernsehverbot. Aber Mama guckt regelmäßig ihre Fernsehserien oder nimmt sie auf. Als Strafe würde ich ihr das für eine Woche verbieten. Mein Papa isst gern, aber er benimmt sich manchmal nicht. Ich würde ihm abends nur Wasser und trockenes Brot geben. Ob das wohl hilft?

Annika, 11 Jahre, aus Landau i.d. Pfalz:

Am Anfang habe ich mir überlegt, dass ich meine Eltern verwöhnen würde, weil man sich das ja als Kind auch so wünscht. Sie bräuchten nie zu arbeiten und könnten den ganzen Tag faulenzen. Jeden Tag sollte es eines ihrer Leibgerichte und ein Eis geben. Außerdem dürften sie ins Bett gehen, wann sie wollten.

Aber dann dachte ich mir, dass ich das doch nicht so gut fände, denn wer will schon so verwöhnte, faule Eltern haben und woher sollten wir Geld bekommen? Also beschloss ich, sie nach den gleichen Grundsätzen zu erziehen wie sie mich, weil dies der beste Weg ist, aus jemandem einen verantwortungsvollen Mensch zu machen.

Ich würde ihnen erklären, dass die Umwelt sauber zu halten ist, da wir sie noch dringend brauchen. Abends müssten sie früh genug ins Bett gehen, um fit für den nächsten Tag zu sein. Zum Essen würde es etwas Abwechslungsreiches und Gesundes geben. Also viel Obst und Gemüse. Die Hausarbeit wäre ordentlich und sorgfältig zu erledigen. Was ich auf jeden Fall ändern würde, wäre Folgendes: Es gäbe ein striktes Alkohol- und Rauchverbot im Haus. Meine Mutter müsste viel mehr Sport treiben, um endlich ihre Pfunde zu verlieren. Mein Vater dürfte nicht mehr stundenlang vor dem Computer sitzen, da das schlecht für seine Augen ist. Ja, Erziehung bedeutet, sehr viel Verantwortung für die anderen zu übernehmen, und deshalb bin ich froh, dass ich meine Eltern nicht erziehen muss.

24 Was wäre, wenn wir fliegen könnten?

Einen kleinen Propeller auf den Rücken setzen und los geht's, wir fliegen. Oder einfach zwei große Flügel aus Vogelfedern hintendrauf schnallen und abheben. Das wäre es doch! Vielleicht würden wir dann in Baumhäusern, auf Bergspitzen oder in riesigen Türmen leben anstatt auf dem Boden? Das gäbe einen ganz schönen Verkehr in der Luft. Ob wir dann auch Luftampeln und Wolkenzebrastreifen hätten? Aber das ist ja nur eine Spinnerei. Denn mit einem Propeller allein klappt es nur bei »Karlsson vom Dach« und mit umgehängten Vogelschwingen können wir zwar im Wind gleiten, aber nicht von alleine abheben.

Wie müsste unser Körper sein, damit er sich in die Lüfte schwingen kann?

Erstens: Wir bräuchten leichtere Knochen – wie die Vögel, deren Skelett aus hohlen Knochen besteht. Damit würden wir schon einmal weniger wiegen.

Zweitens: Unser Brustbein müsste vergrößert werden, um die starken Flugmuskeln halten zu können.

Drittens: Anstelle von Haaren müsste unser Körper mit Federn bedeckt sein. Die beweglichen Federn würden uns beim Fliegen tragen und mit ihnen könnten wir die Flugrichtung bestimmen.

Viertens: Zum Fliegen muss das Herz sehr stark sein. Das menschliche Herz ist aber viel zu klein und zu leicht dafür. Vögel haben im Vergleich zu ihrem Körper relativ große und schwere Herzen, die genügend Pumpkraft besitzen.

Kurzum: Unser Körper, so wie er ist, taugt einfach nicht zum Fliegen.

Fliegen geht nur mit technischen Hilfsmitteln

Bis die Menschen zu dieser Erkenntnis kamen, mussten sie viele Erfindungen und Flugversuche machen. Zu den berühmtesten Erfindern gehörte zum Beispiel der kluge Italiener Leonardo da Vinci. Das Genie lebte vor ungefähr 550 Jahren. Neben dem Malen und der Bildhauerei bastelte er auch an technischen Konstruktionen herum. Er erforschte den Flug der Vögel und die Strömung der Luft beim Fliegen. Leonardo konstruierte Flugapparate und sogar eine Art Hubschrauber: ein Fluggerät mit rotierenden Flügeln, das senkrecht vom Boden abhebt. Trotzdem schaffte es Leonardo da Vinci nie, tatsächlich selbst zu fliegen. Dafür fehlten ihm die richtigen Materialien und die technischen Mittel. Eine andere Möglichkeit sah er darin, mit heißer Luft in einem Ballon zu fliegen. Heiße Luft steigt nach oben. Das konnte er beim Wasserdampf beobachten, der aus einem Kochtopf aufsteigt. Große Ballons müssten nur mit heißer Luft gefüllt werden und schon blasen sich die riesigen Stoffhüllen auf und heben ab.

Der erste längere Menschenflug gelingt erst 1783

Doch auch mit einem Heißluftballon konnte zu Leonardo da Vincis Zeiten niemand die Luft erobern. Das gelang erst den beiden Brüdern Montgolfier, 250 Jahre später. Sie befestigten einen Ballon an einer sehr langen Leine, damit die Winde ihn nicht wegtragen konnten. Mit diesem Fesselballon stiegen dann zwei Franzosen im November 1783 in den Himmel auf. Acht Kilometer trug sie der Ballon über die Stadt Paris und über die Köpfe vieler Schaulustiger hinweg. Ein gefährliches Manöver. Denn einer der beiden musste die Außenhaut des Ballons mit einem Schwamm befeuchten, damit sie durch die Funken nicht zu brennen anfing. Schließlich hatten sie offenes Feuer dabei, um genügend heiße Luft zu erzeugen. Dieser erste Menschenflug machte die beiden französischen Piloten und die Gebrüder Montgolfier weltberühmt.

Fliegen mit eigenem Antrieb: Motorflugzeuge

Gut 100 Jahre nach den Brüdern Montgolfier waren es wiederum Geschwister, die die Lüfte eroberten. Die Brüder Wright konnten mit ihren selbstkonstruierten Motorflugzeugen drei Meter hoch abheben. Der Pilot musste dabei in der Mitte des Flugzeugs auf dem Bauch liegen. Drei Meter, denkt ihr jetzt, sind nicht gerade viel für die heutigen Flugzeuge. Damals war das aber eine Sensation: Der Mensch konnte selbst vom Boden aus in die Luft starten, angetrieben durch einen Motor.

Für uns ist das heute ganz normal. Wir bewegen uns mit allen möglichen Geräten und Maschinen durch die Luft: mit riesigen Jumbojets, Segelflugzeugen, Gleitschirmen, Gasluftballons, Raketen und so weiter. Aber so frei wie Vögel fliegen, das können wir trotzdem nicht. Denn ohne technische Hilfsmittel geht's nicht, weder das Abheben noch das In-der-Luft-Bleiben. Aber im Traum ist alles möglich. Da reichen ein Paar Flügel am Hut oder ein aufgespannter Regenschirm oder auch ein Propeller auf dem Rücken, um uns in die Lüfte zu schwingen. Aber eben nur im Traum vom Fliegen!

Eine berühmte Geschichte aus dem alten Griechenland handelt auch vom Traum vom Fliegen. Der Erfinder und Baumeister Dädalus und sein Sohn Ikarus befinden sich darin in Gefangenschaft auf der griechischen Insel Kreta. Über den Wasserweg können Vater und Sohn nicht türmen, weil König Minos alle Schiffe streng bewachen lässt. Doch Dädalus hat eine gute Idee: Er möchte durch die Luft fliehen. Sogleich macht er sich daran, Flügel für sich und seinen Sohn anzufertigen – Flügel aus langen Vogelfedern. Während Ikarus fleißig Vogelfedern sammelt, bindet Dädalus die Federn aneinander. Zuletzt verklebt er sie noch mit Kerzenwachs, fertig sind die Flügelpaare. Nach einigen Schwingübungen an Land ist es endlich so weit: Dädalus und Ikarus heben tatsächlich ab. Doch Ikarus fliegt vor lauter Leichtsinn – gegen den Rat seines Vaters – zu hoch und zu nah an die Sonne heran. Die Hitze lässt das Wachs seiner Flügel schmelzen, die Federn halten nicht mehr zusammen und fallen ab. Ikarus versucht noch mit den Armen weiterzuflattern, stürzt aber dann ins Meer. So erreicht zuletzt nur der Vater sicher das Festland in Sizilien, ohne seinen Sohn.

Kaum zu glauben:

Die allerersten Flugpassagiere im Heißluftballon der Brüder Montgolfier waren ein Schaf, ein Hahn und eine Ente. Die Tiere landeten nach 2,5 Kilometern in der Nähe von Versailles in Frankreich putzmunter wieder am Boden.

Die ersten Piloten in Flugzeugen waren auch Tiere: Hühner und Enten. Menschen waren für diese ersten Gleitflugzeuge, die um 1799 die Lüfte eroberten, nämlich noch viel zu schwer.

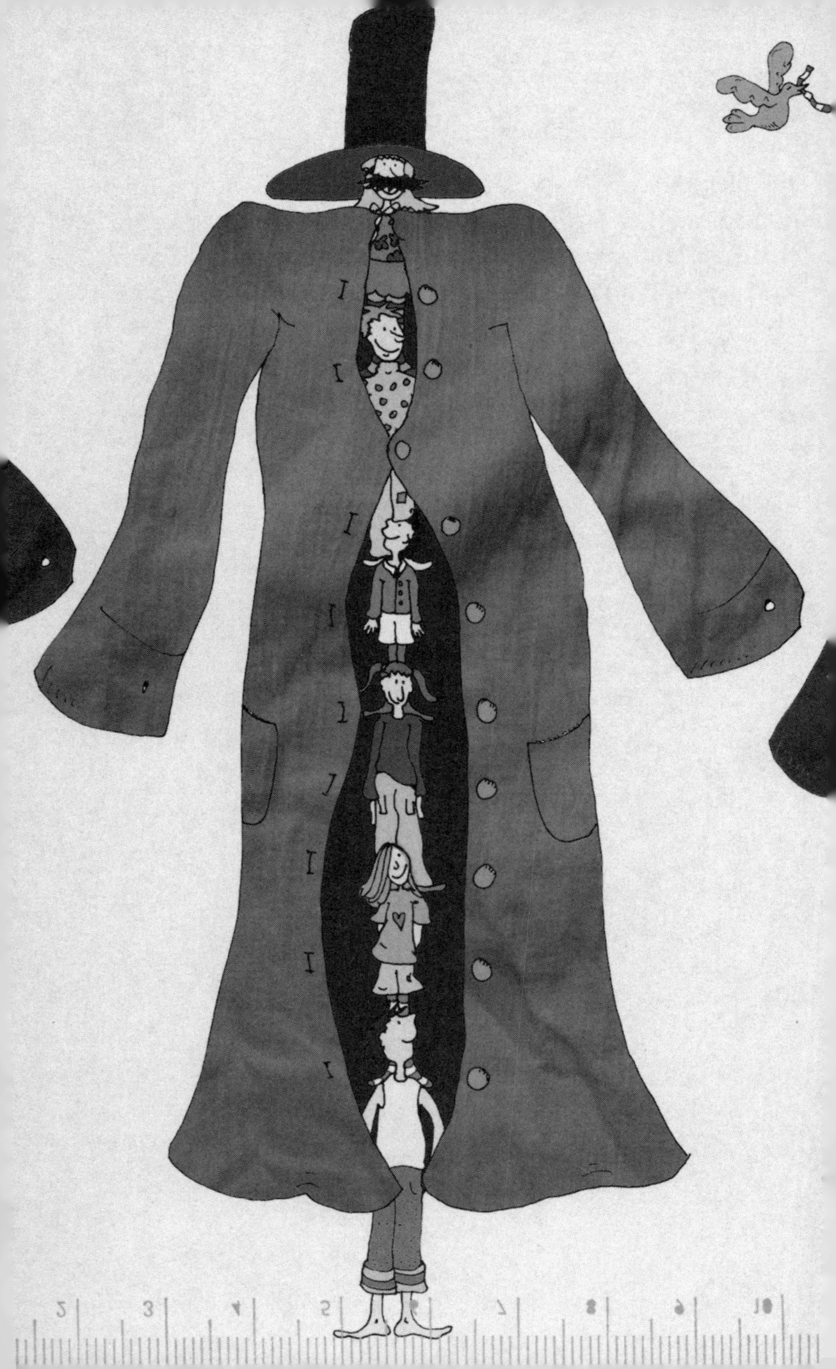

25 Was wäre, wenn ihr nie erwachsen würdet?

Niemand würde Auto fahren, oder? Niemand würde im Rathaus sitzen und die Müllkosten berechnen, oder? Niemand würde im Krankenhaus operieren können. Oder?

Stattdessen würden aus Parkplätzen Fußballplätze. Aus Autobahnen Spielstraßen. Keiner würde Geld verdienen, keiner in der Schule unterrichten, keiner in den Krieg ziehen. Alles müsste klein sein und klein bleiben: Tische, Stühle, Bänke, Toiletten und Waschbecken, Fahrräder, Skiausrüstungen, ja selbst die Häuser und Busse, Züge und Flugzeuge. Oder würden in einer Kinderwelt alle nur auf Eseln, Ponys und Lamas durch die Straßen reiten und in Baumhäusern und Höhlen leben? Würde euch das überhaupt gefallen, ein Leben lang Kindsein, umringt von anderen Kindern? Oder werdet ihr ganz gerne größer und erwachsener? Nerven euch vielleicht gerade solche Sätze wie: »Da bist du noch zu klein für« oder »Wenn du älter bist, können wir noch mal darüber reden.« Erwachsene denken ja oft, Kinder seien anders als sie, noch zu klein eben – aber da täuschen sie sich. Denn Kinder und Erwachsene sind einander gar nicht so unähnlich.

Katz und Maus

Viele Jahre dachten auch die Forscher, Erwachsene und Kinder sind so verschieden wie Katz und Maus. »Klar, die Kleinen sind noch nicht so klug wie wir Großen«, dachten sie, »und sie müssen noch viel lernen, um die Welt zu verstehen.« Ganz Unrecht haben sie damit nicht, denn das ganze Wissen der Erwachsenen haben Kinder natürlich erst mal nicht. Aber auch Kinder sind klug. Sehr klug sogar. Und können manchmal mehr als die Erwachsenen. Leider merken die das meist gar nicht. Die Forscher allerdings haben es gemerkt. Sie haben beobachtet, wie schlau selbst Säuglinge schon sind, und festgestellt, dass Kinder und Erwachsene ganz ähnlich denken und fühlen. Nur können Babys und Kinder das nicht immer so gut zeigen, weil ihnen vielleicht noch die richtigen Worte fehlen.

Babys – die wahren Lerngenies

Denkt nur mal, wie perfekt ihr alle sprechen gelernt habt, einfach so. Ihr habt dazu kein Grammatikbuch gebraucht und keinen Lehrer, der euch die Regeln erklärt. Auch die Babys in China, Island und sonst wo auf der Welt haben ihre Sprache gelernt, und sei sie noch so kompliziert. Denn jeder Säugling hat von Geburt an die Gabe, Laute zu hören, sich zu merken und sie irgendwann nachzusprechen. Wenn Erwachsene eine neue Sprache lernen wollen, dann müssen sie viel pauken, um das hinzubekommen. So locker wie ihr das als Kinder könnt, kann das kein Großer mehr.

Und doch gibt es auch da mal wieder eine Verbindung zwischen Kindern und Erwachsenen. Denn auch wenn Babys spielend lernen, brauchen sie einen, der ihnen alles vormacht. Babys und auch Kinder lernen durch Nachahmen. Ob Treppen steigen oder Fahrrad fahren, ob schwimmen oder mit Messer und Gabel essen, das alles haben wir uns von den Großen abgeschaut, um es dann selbst nachzumachen. Die Großen würden uns in einer Kinderwelt also als Vorbild fehlen, sei es als gutes oder als schlechtes.

Doch auch die Erwachsenen können von den Kindern lernen. Wie aus einem Holzstöckchen ein Boot wird, ein Motorrad oder ein Pferderücken. Wie man stundenlang Lego-Burgen bauen kann oder in Sekundenschnelle sein Zimmer ins absolute Chaos stürzt. Ihr seid die Kenner in Sachen Fantasie – da können die Erwachsenen nur staunen.

Schuften statt spielen

Aber Kindsein war und ist nicht immer so wie heute bei uns. Vielleicht befragt ihr mal eure Oma oder euern Opa über ihre Kindheit? Vielleicht haben sie ihren Eltern geholfen, die Heuernte einzubringen, die Schweine zu füttern oder die Herbstäpfel im Keller zu schichten. Vielleicht kneteten und werkelten sie auch in der Backstube oder Wurstküche mit, in der Kneipe der Eltern oder sie kochten täglich das Mittagessen für ihre Geschwister. Kinder können viel. Sie können auch arbeiten und Verantwortung übernehmen, ja fast ein Leben wie Erwachsene führen, auch wenn sie eigentlich noch Kinder sind. Früher war dies ganz normal. Jeden Tag gab es feste Aufgaben für die Kinder, die oft viel Kraft und Zeit kosteten. Doch damals brauchten viele Familien die Hilfe der Kinder – oft mussten alle anpacken, um den Alltag zu meistern.

Auch heute noch führen viele Kinder schon ein richtiges Erwachsenenleben. Gerade in sehr armen Ländern arbeiten Kinder, um die Familienkasse aufzubessern. Sie sitzen am Webstuhl, sie schleppen Steine auf dem Bau, ernten Tee oder Baumwolle auf den Feldern. Sie verdienen nur ein winziges Gehalt, angeblich weil sie ja Kinder sind, müssen aber schuften wie Erwachsene – sie werden als billige Arbeitskräfte ausgenutzt und keiner fragt sie, ob sie wollen oder nicht.

In Deutschland ist Kinderarbeit heute verboten. Kinder dürfen spielen und zur Schule gehen. Ja, sie dürfen ihr eigenes, ganz spezielles Kinderleben führen.

Kaum zu glauben:

Auf der Erde leben etwa zwei Milliarden Kinder, die meisten in Indien. In Deutschland gibt es nur etwa elf Millionen Kinder. Wenn sie alle zusammen leben würden, wären unsere Städte voller Kinder und die Erwachsenen müssten aufs Land ziehen …

26 Was wäre, wenn wir immer wieder geboren würden?

Was sagt ihr dazu?

Philipp, Lea und Maxi, 9 Jahre, aus München:

Philipp: Ich fände es sehr gut, wenn man immer neu geboren würde, ich wäre dann zum Beispiel im nächsten Leben ein Pferd, dann ein Maulwurf, beim nächsten Mal wieder ein Mensch, vielleicht würde ich mich auch mal in einen Baum verwandeln.
Lea: Ich würde auch gerne als Tier geboren werden, aber nicht unbedingt meine Erinnerung behalten wollen, denn wenn du nicht weißt, wie es auf der Erde ist, dann ist es halt ganz anders für dich, dann siehst du es in einer anderen Art.
Maxi: Ich fände es eigentlich ganz gut, auch wenn man seine Erinnerungen behalten würde, weil man dann viel ausprobieren könnte. Zum Beispiel, wenn man als Hund wiedergeboren würde, könnte man auch anderen Hunden helfen und sich besser in die Tiere hineinversetzen.

Könnten wir Menschen darüber bestimmen, als wer oder was wir wieder auf die Welt kommen würden, dann wäre das verlockend. Manche würden als ihre Lieblingstiere wieder erscheinen, andere vielleicht als Könige oder Königinnen. Die schlechten Erinnerungen würden wir dann einfach weglassen und die schönen hinüberretten in unser neues Leben. Aber bis jetzt hat das wohl noch keiner geschafft.

An eine Wiedergeburt, eine *Reinkarnation*, die von Göttern oder der Natur gelenkt wird, glauben viele Menschen.

Das Wort Reinkarnation kommt aus dem Lateinischen und heißt auf Deutsch: *Wiederfleischwerdung* oder *Wiederverkörperung*. Das bedeutet: Ein und dieselbe Seele kann nach dem Tod immer wieder in anderen Körpern auf der Erde weiterleben. Diese Vorstellung findet sich in manchen Religionen, zum Beispiel im *Hinduismus,* der Hauptreligion in Indien. Dort glauben die Menschen, dass mit jeder Wiedergeburt alles wieder ganz von vorne beginnt. Weder Erinnerungen noch Gefühle aus dem alten Leben werden dabei in das neue mitgenommen. Aber zumindest kann man es ein bisschen beeinflussen, wie das neue Leben nach dem Tod sein wird: Hat man nämlich in seinem vorherigen Leben viele gute Taten vollbracht, so verspricht der Glaube danach ein besseres zweites oder drittes Leben. Wenn sich jemand viele schlechte Dinge erlaubt hat, wird er dafür im nächsten Leben von den Göttern bestraft. Das bedeutet dann zum Beispiel, im Körper eines Tieres leben zu müssen. Denn das Tier steht von der Rangordnung bei den Hindus weit unter dem Menschen. Das, was sich Lea, Philipp und Maxi also so sehr wünschen, sich in Tiere verwandeln zu können, wäre im Hinduismus eine Strafe.

Wiedergeburt bei Urvölkern

Würden Lea, Philipp und Maxi bei den *Aborigines*, den Ureinwohnern Australiens, leben, könnten sie sich freuen, wenn sie zum Beispiel als Krokodile wiederkämen. Denn Tiere behandeln die Aborigines wie Brüder. Diese Ureinwohner stellen sich eine Seele vor, die aus zwei Hälften besteht: Die eine Hälfte lebt im Körper auf der Erde und die andere existiert im Jenseits. Die Seele aus dem Jenseits hat alle Erfahrungen wie ein Superhirn gespeichert. Sie »füttert« die Seele auf der Erde mit Informationen. So erklären sich die Ureinwohner, dass man Dinge schon weiß und schon kennt, obwohl man sie nie erlernt hat.

Im alten Ägypten konnten nur wohlhabende Menschen ewig leben

Die Ägypter früher glaubten nicht an eine Wiedergeburt in einem anderen Körper. In ihrer Vorstellung gab es eine Art Wiedergeburt der Seelen im eigenen, toten Körper.

Die Hinterbliebenen sorgten deshalb dafür, dass die Seelen ihrer Verstorbenen in den Gräbern weiterleben konnten. Dafür machten sie den Körper haltbar, *mumifizierten* ihn nach dem Tod. Der tote Menschenleib sollte als *Mumie* vor der Verwesung geschützt werden. So hatte die Seele immer einen Ort, an den sie zurückkommen konnte. Die Mumie war so etwas wie das Zuhause der Seele. Außerdem musste immer ein Mistkäfer mit ins Grab gegeben werden. Er war das Zeichen für die Auferstehung. Für die Ägypter brauchte auch die Seele Essen und Trinken. Deshalb legten sie den Verstorbenen Weinkrüge, gebratenes Fleisch und Brot sowie Betten, Truhen, wertvollen Goldschmuck und Schminke mit ins Grab. Damit sich die Seelen nicht langweilten, wurden die Gräber auch noch mit Brettspielen und Musikinstrumenten ausgestattet. Das alles bekamen aber nur die besonders wohlhabenden oder mächtigen Ägypter. Die Zurückgebliebenen ehrten damit ihre reichen Landsleute auch nach deren Tod.

Nichts verschwindet und nichts kommt hinzu

Für andere, nicht religiöse Menschen gehört die Wiedergeburt zum natürlichen Kreislauf des Lebens. Das heißt: Alles wird geboren, lebt, stirbt und wird wiedergeboren, und zwar indem es sich verwandelt. Am besten lässt sich das mit einem Bild erklären: Stellt euch einen Ozean vor, der aus vielen Milliarden Wassertropfen besteht. Der Ozean nimmt die Wassertropfen auf und die Tropfen bilden gleichzeitig den Ozean. Ein Tropfen verdunstet und wird irgendwann beim Abregnen wieder im Ozean landen. Ist es der gleiche Tropfen oder nicht? So geschieht das auch bei der Wiedergeburt des Menschen. Niemand verschwindet von der Erde und niemand kommt wirklich neu dazu.

Ob es tatsächlich mehrere Wiedergeburten oder eine einzige Auferstehung oder überhaupt ein Leben nach dem Tod gibt, das wissen wir nicht. Glauben können wir es trotzdem, denn im Glauben ist alles möglich.

Der berühmte Dalai Lama aus Tibet (ein Gebiet in China) ist das beste Beispiel für den Glauben an eine Reinkarnation. Die *Buddhisten* glauben, dass der vorher verstorbene Dalai Lama erneut als Mensch wiedergeboren wird. Stirbt ein Dalai Lama, so gibt er zuvor Hinweise darauf, wo er als neues Baby wieder auf die Welt kommen wird. Hohe Mönche suchen dieses Neugeborene dann an den genannten Orten. Dabei stellen sie Kindern, auf die die Beschreibung passt, ganz bestimmte Aufgaben. So müssen diese zum Beispiel private Gegenstände aus dem Leben des vorherigen Dalai Lama wiedererkennen. Damit können die Kinder beweisen, ob sie wirklich die Wiedergeburt des Dalai Lama sind. Es sind Kinder, die oft ernster sind als ihre Altersgenossen und bei denen schon bei der Geburt besondere Dinge passiert sind. Der heutige Dalai Lama hat diesen Test bestanden und wurde bereits als Kleinkind mit zwei Jahren als Reinkarnation des Dalai Lama anerkannt, und zwar als seine 14. Wiedergeburt. Nach der Auswahl wird das Kind von seiner Familie getrennt und im buddhistischen Kloster erzogen.

STOP

27 Was wäre, wenn wir die Uhren anhalten könnten?

Eine Schale mit Obst steht auf dem Tisch. Darin Äpfel, Birnen, Trauben und Pfirsiche. Sie stehen auf eurem Küchentisch, aber ihr esst sie nicht, ihr beobachtet sie nur. Wie, beobachten? Warum soll man denn Obst beobachten? Es bewegt sich nicht, es spricht nicht. Stimmt, aber wenn ihr euch etwas Zeit nehmt, könnt ihr doch etwas sehen. Nichts Spektakuläres, nein, mehr etwas Alltägliches, das wir dennoch selten bemerken. Erst sieht alles in der Obstschale sehr lecker aus: knackige Äpfel, feste Pfirsiche. Aber schon nach einer Woche verliert das Obst seine schöne Farbe, es wird schrumpelig und beginnt zu riechen. Alles ist alt geworden. Einfach so, nur eine Woche und schon ist aus frischem Obst altes Obst geworden. Denn die Zeit ist vergangen und alles verändert sich mit ihr, manchmal ganz schnell, wie beim frischen Obst, manchmal gähnend langsam, wie beim Erwachsenwerden.

Was ist eigentlich Zeit?

Wenn ihr morgens aufsteht, fällt euer Blick auf den Wecker. Wie spät ist es? Habt ihr verschlafen oder könnt ihr euch noch mal wegträumen? Unser Leben ist Zeit, ja auch Uhrzeit, die uns ständig begleitet, die wir nicht verändern können und die einfach immer weiterläuft. Mal rennt sie uns davon. Mal hoffen wir, dass sie doch endlich vergehen soll. Doch Zeit muss nicht gleich Uhrzeit sein und war es auch nicht immer. Erst seit 500 Jahren gibt es mechanische Uhren, die uns eine feste Zeit vorgeben. Die unseren Tag in 24 Stunden einteilen, in Minuten und Sekunden. Die Uhr zeigt uns, wann es Zeit für die Schule ist, Zeit fürs Mittagessen, Zeit fürs Bett.

Und was war davor? Bevor wir all die Armbanduhren, Kirchturmuhren und Bahnhofsuhren kannten? Sicher, auch da gab es Zeit, die Lebenszeit, die einfach immer fortschreitet und das Obst in der Schale verfaulen lässt, aber es auch im nächsten Frühling wieder an den Bäumen wachsen lässt. Und genau nach diesem Rhythmus der Jahreszeiten haben die Menschen vor der Erfindung der Uhr gelebt. Die Zeit war die Zeit der Natur. Die Zeit von hell und dunkel, von Tag und Nacht, von Sonnenschein und Dämmerung. Die Bauern sind am Morgen mit den ersten Lichtstrahlen aufgestanden, und wenn es dunkel wurde, war Schlafenszeit. Im Sommer hat man viel gearbeitet und wenig geschlafen, im Winter umgekehrt. Da waren die Nächte lang und düster und die Leute blieben auch lange im Bett. Kein Wecker hat sie damals ermahnt, dass es schon längst Zeit für Schule, Arbeit oder Frühstück ist.

Stoppt die Uhren!

Aber wie wäre es wohl heute, alle Uhren auf einen Schlag anzuhalten? Ein Montag ohne Uhren, ein Montag ohne Zeit?

Schon der Morgen wäre das reinste Chaos, keiner wüsste die Zeit zum Aufstehen. Keine Straßenbahn und kein Zug würde pünktlich abfahren. Die Schulklingel würde läuten, aber keiner wäre rechtzeitig da. Woher sollten die Schüler auch wissen, dass es acht Uhr ist, wenn es keine Uhrzeit gibt? Jeder käme, wann er will – ganz nach seinem eigenen Zeitgefühl. Vielleicht könnte man sich nach der Sonne richten – wenn sie denn an diesem Montag scheint. So wie es die Menschen vor 500 Jahren getan haben und wie es auch heute noch in vielen Ländern der Erde üblich ist. Doch wer sich nach dem Sonnenstand verabredet, kann nicht mit minutengenauer Pünktlichkeit rechnen, denn jeder sieht die Sonne ein wenig anders. Steht sie jetzt schon so hoch, dass es zwölf Uhr Mittag ist, oder noch nicht? Wir bräuchten für alles Zeit, viel Zeit, und eine große Portion Geduld. Wenn wir uns mit einem Freund verabreden, dann müssten wir sicher erst mal auf ihn warten, denn wer weiß, wann er kommt. Ballett um vier oder Fußball um fünf, Fernsehen um sechs oder Gutenachtgeschichte um sieben, keiner wüsste mehr, wann was zu tun ist, feste Termine gäbe es nicht. Und am Abend wäre es nur die Müdigkeit, die uns ins Bett treibt, und keine »Schlafenszeit!«

Reicht euch ein Montag ohne Uhr? Oder würdet ihr gerne noch mehr davon haben?

Wer gerne noch ein Weilchen die Uhr anhalten möchte, für den ist das folgende Experiment der Zeitforscher das Richtige.

Raum ohne Uhrzeit

Das Experiment:

Stellt euch einen Raum ohne Tageslicht vor, also ein Zimmer ganz ohne Fenster. In diesem dunklen Raum versammeln sich mehrere Menschen. Für einige Tage werden sie hier leben. Ohne Uhr. Und da es ja auch kein richtiges Tageslicht gibt, kann man nur über einen Lichtschalter helle und dunkle Stunden machen. So müssen die Menschen im Raum selbst entscheiden, wann für sie Tag ist und wann Nacht, ganz unabhängig von der eigentlichen Zeit draußen.

Und was, denkt ihr, passierte in diesen Tagen ohne Uhr und Licht? Alles geriet durcheinander. Niemand wusste mehr, wann Morgen oder Abend war. Und der Tag hatte nun auch keine 24 Stunden mehr, sondern wurde länger. Der Wach- und Schlafrhythmus der Menschen im Raum ohne Zeit pendelte sich allmählich auf 25 Stunden ein.

Das Ergebnis des Experiments ist:

Die 24 Stunden der Uhrzeit, nach denen wir leben, passen gar nicht zu uns. Sie entsprechen nicht unserem biologischen Lebensrhythmus, unserer inneren Uhr. Doch leider wussten das die Erfinder der Uhrzeit vor 500 Jahren noch nicht.

Wenn ihr also am Montagmorgen sehr müde seid, dann tröstet euch. Mit euch ist alles in Ordnung, nur die Uhr läuft leider falsch.

28 Was wäre, wenn wir Gott besuchen könnten?

Was sagt ihr dazu?

Marc, 10 Jahre, Felix, 9 Jahre, Sarah, 8 Jahre, Felicitas, 8 Jahre und Charlotte, 7 Jahre, aus Mainz:

Marc: Ich würde ihn mir vorstellen mit ganz vielen Augen am Kopf und auch hinten Augen, damit er die ganze Welt überblicken kann.
Felix: Ich würde es mir so vorstellen, dass man erst über goldene Wolken gehen kann. Es könnte natürlich auch sein, dass da mehrere Götter wären, und dann würde ich die alle was fragen. Ich glaube, da sind die Götter von den verschiedenen Religionen, zum Beispiel Buddha und unser Gott.
Sarah: Ich würde ihn gerne fragen, ob man im Himmel sterben kann, ob es den Teufel gibt, ob die Schutzengel jeden bewachen, auch die Bösen. Dann würde ich auch gerne mal zu ihm reisen, weil es da oben im Himmel bestimmt schön aussieht und weil es da auch ein Schloss gibt.
Felicitas: Wenn ich zu Gott reisen könnte, dann würde ich mich in die Wolken legen, ihn zu einer Party einladen und mit ihm in den Freizeitpark gehen.
Charlotte: Wenn ich Gott besuchen könnte, würde ich ihn zu meinem Geburtstag einladen. Dann lädt er mich bestimmt auch einmal zu seinem Geburtstag ein.
Aber eigentlich ist er ja überall, er beschützt alle Leute.

Wenn wir Gott besuchen könnten, wäre das sicher ziemlich aufregend und spannend. Vielleicht würde er uns tatsächlich, wie Sarah meint, in einem Schloss begrüßen mit den Worten: »Hallo, herzlich willkommen bei mir. Ich bin der Herr, dein Gott. Du kannst mich Abba nennen.« Oder würde er zu uns sagen: »Ich heiße Jahwe«? Vielleicht würde er sich uns als Allah vorstellen, oder mit »Schön, dass du da bist, ich bin dein Hirte, dein Beschützer, dein Licht, deine Mutter, dein Schöpfer« und so weiter. Denn Gott hat viele Namen und viele Eigenschaften – so steht es zumindest in der christlichen Bibel oder in der heiligen Schrift der Muslime, dem *Koran*. Vielleicht würden wir auch mit vielen Göttern durch die goldenen Wolken schweben? So stellt sich Felix das Treffen mit Gott vor.

Wieso hat Gott so viele Namen?

Die Muslime nennen Gott »Allah«, die Christen sagen »Gott«, die Juden »Jahwe« zu ihm. Alle verbinden etwas anderes mit ihrem Gott. Meinen wir alle denselben – so wie Namen in jeweils anderen Sprachen auch anders klingen? Nehmen wir zum Beispiel den Namen Johannes. Auf Italienisch heißt er »Giovanni«, auf Englisch »Jack« und auf Russisch »Wanja«. Aber trotzdem ist immer nur von demselben Johannes die Rede.

Im Alten Testament, einem Teil der Bibel, nennt sich Gott selbst: »Ich bin, der ich bin« oder »Ich bin da«. Was soll das denn heißen?

Es bedeutet, dass Gott ganz anders ist, als wir ihn uns vorstellen können. Denn alle Bilder von Gott engen ihn ein und legen seinen Charakter fest. Er ist aber, so sagen die heiligen Schriften, mächtiger und größer, als wir uns das je ausmalen können. Deshalb sollen die Gläubigen sich eigentlich gar kein Bild von Gott machen. Jesus nennt Gott »Abba«, was Vater oder Papa heißt. Daher kommt bei den Christen die Vorstellung von Gott als liebendem Vater.

Manchmal können diese Bilder helfen, beim Beten zum Beispiel. Egal in welcher Sprache oder Religion, beim Beten entstehen Bilder von Gott im Kopf: Die meisten stellen sich eine Person dabei vor. Manche denken an einen strengen Richter, der belohnt und bestraft. Andere glauben an Gott als gutmütigen Großvater mit langem Bart, wie er auf Bildern oft dargestellt wird.

Wo wohnt Gott, wo können wir ihn treffen?

Nach dem Tod, so hoffen viele, kommen sie zu Gott, zum Beispiel ins Paradies. Manche Menschen erzählen, sie hätten ihn schon fast besuchen können. Diese Menschen haben sogenannte *Nahtoderfahrungen* gemacht, das heißt, sie waren so krank, dass sie am Tod schon ganz nah dran waren. Fast wären sie gestorben. Die Berichte von diesen Patienten sind sich alle ähnlich, ob sie gläubig waren oder nicht. Sie hatten dabei ein warmes Gefühl und merkten, wie sie ihren Körper verließen, als wäre er nur eine Hülle zum Abstreifen, wie ein Kleid. Sie sahen ein helles Licht, zu dem sie durch einen Tunnel gehen mussten. Aber bevor sie in den Lichttunnel hineingehen konnten, wurden sie von den Ärzten gerettet und wieder zurück ins Leben gebracht.

Nach diesen Erfahrungen hatten fast alle diese Menschen keine Angst mehr vor dem Tod.

Ist Gott vielleicht eine wärmende Kraft oder ein Licht, das uns nach dem Tod empfängt, also doch kein Vater oder eine Mutter, einfach überhaupt keine Person?

Gott ist überall

Auch daran glauben einige: Für sie steckt Gott oder Göttliches in jedem Lebewesen, also in jeder Pflanze, in jedem Tier und in jedem Menschen. »Gott ist überall«, wie Charlotte es formuliert hat. So gesehen, können wir ihn nicht besuchen, denn er ist immer schon bei uns und begleitet uns durchs Leben. Egal ob wir gerade reden, Geburtstag feiern, lachen, Angst haben, immer ist er dabei, hier auf der Erde.

Wie Gott aussieht, wo er wohnt, welche Eigenschaften er hat, all das können wir nicht beweisen. Wir wissen nicht einmal, ob es Gott überhaupt gibt. Allerdings sind viele fest davon überzeugt, dass er da ist. Sie haben Erfahrungen gemacht, bei denen sie glauben, dass Gott bei ihnen war, sie also von ihm besucht wurden. Und für alle anderen bleibt das Was-wäre-wenn-Spiel – denn in Gedanken ist alles möglich, auch ein Besuch bei Gott.

Eltern-Kaufhaus

3. STOCK ERSATZTEILE

2. STOCK PAPA-ABTEILUNG

1. STOCK MAMA-ABTEILUNG

SONDERANGEBOTE

29 Was wäre, wenn ihr eure Eltern im Kaufhaus bestellen könntet?

Einmal Eltern, bitte! Eine Mama mit blonden Haaren und vielen Sommersprossen, einen Papa mit schwarzen Locken und einem dicken, langen Vollbart. Mittelgroß und mittelschlank, bitte recht freundlich und gesund und natürlich kinderlieb.

Wäre das eure Bestellung? Oder wollt ihr lieber einen Fußballstar als Vater und eine arabische Prinzessin mit fünfzig schneeweißen Araber-Pferden als Mutter? Oje, das wird ja immer ausgefallener, wer könnte solche Bestellungen schon erfüllen, es geht ja nicht gerade um ein Kindereis und eine Apfelsaftschorle im Restaurant.

Aber trotzdem – wir würden uns vermutlich alle erst mal etwas ganz Tolles wünschen, unsere Traumeltern eben. Ob wir dann zusammenpassen und eine richtige Familie werden, ist ein Geheimnis und sicherlich ein hartes Stück Arbeit.

Aber meist ist es ja auch so, dass man sich als Kind seine Eltern nicht aussuchen kann – und umgekehrt genauso wenig. Man wird in eine Familie hineingeboren, irgendwo auf der Welt. Das ist unser großes Überraschungspaket, mit dem wir ins Leben starten.

Kann man Menschen nach seinen Wünschen machen?

Eine Prise schwarze Augen, einen Schuss rote Haare, umrühren, fertig ist der Wunschmensch? Nein, Menschen kann man nicht mit dem Baukasten und per Wunschzettel produzieren. Und doch hat die moderne Medizin neue Wege entwickelt, an der Entstehung eines Babys mitzuwirken. Diese *Reproduktionsmedizin* ist für Eltern, die auf natürlichem Wege kein Kind bekommen können, ein hilfreiches Angebot. Denn ein Baby kann heute auch künstlich entstehen, im Labor. Der Reproduktionsmediziner braucht dazu die Eizellen der Frau und den Samen des Mannes. Beides wird mit einer winzigen Spritze zusammengebracht, so dass sich Ei und Samen miteinander verbinden. Dieses befruchtete Ei wird dann neun Monate im Bauch der Frau ausgetragen, so wie bei jeder Schwangerschaft. Wenn alles klappt, kommt schließlich das Baby zur Welt, ein ganz normales Kind.

Der Kindersupermarkt

Junge oder Mädchen? Die strahlend blauen Augen vom Opa oder die schön geformten Augenbrauen der Mutter? Bekommen wir eine Geigenkünstlerin wie die Mutter oder eher ein Schachgenie wie der Vater? All das sind Fragen, die sich Eltern vielleicht stellen, wenn sie ein Baby erwarten. Weil es einfach spannend ist zu rätseln, welcher neue Mensch da bald geboren wird.

Und wie ist es bei einer künstlichen Befruchtung? Dann können die Eltern und die Mediziner mitentscheiden, was entstehen soll. Wenn die Eltern ein Mädchen wollen, können die Mediziner der Mutter nur weibliche Eizellen einsetzen, dann wächst auch wirklich nur ein Mädchen heran. Sie können die Augen-, Haar- und Hautfarbe mitbestimmen.

In Amerika ist dies erlaubt. Eltern können dort in bestimmten Kinder-Wunsch-Kliniken ihr Wunschkind bestellen. In vielen Ländern, auch in Deutschland, ist es Eltern und Medizinern jedoch verboten, sich so stark in das Kindermachen einzumischen.

Neue Eltern für Paula

Meist sind es, wenn überhaupt, also die Eltern, die sich die Kinder aussuchen können. Ganz selten ist es aber auch andersherum. Wie bei Paula. Sie ist neun Jahre alt und lebt seit einem halben Jahr im Kinderheim. Denn Paula hat keinen Vater mehr und ihre Mutter ist schwer krank, so dass sie sich momentan nicht um ihre Tochter kümmern kann. Seit zwei Wochen hat Paula nun neue Eltern, ja eine ganze Familie, die sie als Pflegekind aufnehmen möchte. Für Paula ist es nicht einfach in der neuen Familie. Da sind eine neue Mutter, ein neuer Vater und ein neuer Bruder. Alle kennen sich seit Jahren, nur Paula ist fremd. Deshalb hat Paula sechs Wochen Zeit, ihre Pflegefamilie kennenzulernen. Wie ist es, zusammen am Mittagstisch zu sitzen? Wie ist es, ein eigenes Zimmer zu haben? Wie ist es mit dem neuen, älteren Bruder? Paula muss sich an vieles gewöhnen und darf nach den sechs Wochen dann frei entscheiden, ob sie in dieser Familie bleiben möchte oder nicht. So haben Pflegekinder in Deutschland das Recht, ihre neuen Eltern mit auszusuchen, sobald sie alt genug sind, eine Entscheidung zu treffen.

Paulas Geschichte ist allerdings die Ausnahme. Ihr habt schon Recht, so richtig aussuchen können wir uns die eigenen, leiblichen Eltern nie – auch weil sie einfach schon früher da waren. Dafür habt ihr später die Chance, für eure eigenen Kinder die Traumeltern zu sein, die ihr euch heute vielleicht bestellen würdet.

Übrigens, Paula hat sich nach der Kennenlernphase für ihre neuen Eltern und den neuen Bruder entschieden.

RNOARイ

Jnprue Yюe

eoズAeib efqn

VIBヂ бWEw' nT

egähloイH mnAgЛRö

Fyt Chp– snzsr

gägmnAR

ehgShiHhrパП

ilsイー

pnZ

ÇöoE

30 Was wäre, wenn wir alle dieselbe Sprache sprechen würden?

»Kiyawana eke winoodai.« Was soll das denn heißen, denkt ihr jetzt? Das ist *Singhalesisch* und bedeutet übersetzt: »Lesen macht Spaß«! Diese Sprache kommt aus Sri Lanka, einem Inselstaat im Indischen Ozean. Da wir Singhalesisch nicht in der Schule lernen, können wir es auch nicht.

So geht es uns noch mit Tausenden von anderen Sprachen. Denn auf der ganzen Welt gibt es ungefähr 6500 Einzelsprachen, sagen Sprachwissenschaftler. Manche sind bekannter als andere, weil sie »gereist« sind. Die Sprachen haben sich über die Grenzen ihrer Ursprungsländer hinaus ausgebreitet und sind in anderen Nationen »angekommen« (leider meistens durch Kriege und Eroberungen). Diese Sprachen nennen wir »Weltsprachen«.

Ratet mal, welches die weltweit meistgesprochene Sprache ist?

Nein, nicht Englisch oder Spanisch. *Mandarin*, also das Hochchinesisch, das in ganz China, Taiwan und Singapur gesprochen wird. 880 Millionen Menschen können sich auf Mandarin unterhalten. Englisch beherrschen dagegen nur etwa 690 Millionen Menschen.

Was wäre nun also, wenn wir von heute auf morgen nur eine einzige Sprache weltweit hätten?

Nie mehr Vokabeln lernen

Erst einmal wäre das toll: keine Vokabeln mehr pauken, keine Grammatikfehler mehr in Klassenarbeiten und weniger Fächer auf dem Stundenplan. Wir hätten viel mehr freie Zeit, weil weniger Schulstunden. Im Ausland würden wir nicht mehr herumstottern oder rot werden, wenn wir nach dem Weg fragen oder ein Eis bestellen. Missverständnisse durch falsche Übersetzungen gäbe es einfach nicht mehr. Wenn im Sommerurlaub in Italien zum Beispiel jemand stöhnt: »Uffa, che caldo!«, wundern wir uns vielleicht, warum er es kalt findet, obwohl wir selbst schwitzen und am liebsten dauernd Eis äßen – aber stopp: *caldo* heißt auf Italienisch nicht kalt, sondern warm, und der arme Italiener stöhnt natürlich über die Hitze. Im Winter klagt er eher darüber, dass es so *freddo* ist, so kalt nämlich ... Manchmal wäre das Leben leichter, wenn wir eine Einheitssprache hätten. Oder?

Die Herkunft der Menschen nicht mehr erkennen

Vielleicht wäre es aber auch ziemlich langweilig, denn wir würden alle ein Stückchen gleicher werden. Denkt doch nur einmal an die unterschiedlichen Aussprachen und Laute. Das rollende »r« der Spanier, Portugiesen und Italiener würde vielleicht aussterben oder das »th«, das die Engländer, Amerikaner und Spanier so schön zwischen den Zähnen hervorlispeln. Bestimmte Sprichwörter, Redensarten und Wortspiele, die in jeder einzelnen Sprache anders sind, gäbe es nicht mehr. Und was wäre zum Beispiel mit den vielen Ausdrücken, die die Inuit für Schnee haben – müssten die Südafrikaner die dann auch alle lernen? Aber wozu, wo es doch in Südafrika nur ganz selten schneit! Wir könnten die Menschen nicht mehr an ihrer Sprache erkennen, wüssten also nicht mehr vom bloßen Hinhören, aus welchem Land der andere stammt. Alles bisher Geschriebene, Bücher, Zeitungen, Grabinschriften und vieles mehr, könnten wir und unsere Kinder und Enkel nicht mehr verstehen, wenn wir nur noch eine einzige Sprache erlernen und sprechen würden.

Und wer sollte sich diese neue Einheitssprache ausdenken mit all den Ausdrücken, den Regeln und der Grammatik? Übrigens: Alle Übersetzer würden arbeitslos werden – es sei denn, sie würden sich zu Wort-Erfindern umschulen lassen …

Eine einzige Einheitssprache weltweit, die alle anderen ersetzen würde, das wär's also doch nicht. Aber eine zusätzliche Sprache, die überall auf der Welt gesprochen und geschrieben wird, das könnte funktionieren.

Esperanto könnte die Zaubersprache für alle heißen

»Chu vi komprenas?« – »Verstehst du?«, bedeutet diese Frage ins Deutsche übersetzt. Welche Sprache steht da jetzt schon wieder? *Esperanto*! Kennt ihr nicht? Das ist eine zusätzliche Sprache, die auf der ganzen Welt gesprochen wird – allerdings bis jetzt nur von wenigen. Erfunden und entwickelt hat sie ein Wissenschaftler, der sich »Doktoro Esperanto« nannte, vor über 120 Jahren (1887). Heute ist sie die am weitesten verbreitete internationale *Plansprache* und wird in vielen Teilen der Welt beherrscht. Eine Plansprache ist im Unterschied zu einer natürlichen Sprache bewusst entwickelt und geplant, um sich leichter miteinander verständigen zu können. Im Esperanto kommen die meisten Wörter aus dem Lateinischen und dem Französischen sowie aus dem Germanischen. Es gibt Bücher, Zeitschriften, Lieder in Esperanto, sogar Radiosendungen aus Peking (China) und dem Vatikan. Überall auf der Welt unterhalten sich Menschen in Esperanto, schreiben sich Briefe oder E-Mails.

Wenn also das Esperanto als weitere Fremdsprache in allen Schulen der Welt eingeführt würde, hätten wir eine Sprache, die alle Menschen verstehen und sprechen könnten.

Das würde aber auch bedeuten: noch mehr lernen …

Kaum zu glauben:

Auf der ganzen Welt sagt man »okay«, wenn etwas in Ordnung ist. Ach, immer diese englischen Ausdrücke, nörgeln da manche. Von wegen! Okay kommt aus dem Deutschen und bedeutet »ohne Korrektur«. Früher hat man in Verlagen unter einen fehlerfreien Text schnell o.k. geschrieben. Daraus ist dann unser heutiges okay geworden.

IV
Vom Zurückschauen bis zum Hellsehen

5 Opernkarten
1 Fußball
80 Kugeln Eis
1 Lebensversicherung
200 Äpfel
1 Handy
2 Tiroler Hüte

31 Was wäre, wenn es kein Geld auf der Welt gäbe?

Tausche fünf Gläser Honig gegen einen Füller. Oder: Hundehütte gegen Fahrrad, Ballettschläppchen gegen Jogginganzug. So ähnlich würden wir uns wohl organisieren ohne Geld, über Tauschgeschäfte. Früher haben die Menschen es genauso gemacht und alle möglichen Dinge untereinander getauscht. Münz- oder Papiergeld kannten sie nicht, auch wenn wir uns das heute kaum vorstellen können.

Die Steinzeitmenschen zum Beispiel lebten von dem, was sie selbst jagen, anbauen und herstellen konnten. Brauchten sie etwas anderes, dann tauschten sie es mit den Nachbarn: etwa Ziegenmilch gegen ein neues Schaffell oder einen Tonkrug gegen ein Lamm. Das funktionierte gut, solange sich die richtigen Tauschpartner schnell fanden und einigten.

Aber es gab auch Streit! Denn wer wollte schon ein schönes Tierfell für ein paar Eier hergeben? Schließlich kann ein Fell seinen Besitzer jahrelang wärmen. Die Eier aber verfaulen schon nach kurzer Zeit. Das wäre ein unfaires Geschäft.

Steine, Muscheln und Gold als Zwischentauschmittel

Es mussten also Tauschmittel gefunden werden, die haltbar waren. So benutzten die Ureinwohner der Yap-Inseln im Pazifischen Ozean ganz besondere Steine als eine Art Währung. Doch die Steine waren oft für Kinder und Frauen viel zu schwer, um sie zu einem Tauschpartner zu schleppen – sehr mühsam!

Besonders beliebt waren deshalb Muscheln. Und später, als das Metall entdeckt wurde, verwendeten die Menschen statt der Muscheln Bronze-, Eisen-, Silber- oder Goldstücke. Damit die Metallstücke nicht gefälscht wurden, ließen Könige ihr Bild auf die echte Währung prägen. Die Geldstücke mit dem Bild des Herrschers darauf waren garantiert echt. Damit war die Münze erfunden. Für jede Münze wurde ein bestimmter Wert festgelegt. Papiergeld, also Scheine, kamen erst im 11. Jahrhundert zu den Münzen dazu, als Ersatzgeld. Das Papiergeld hatte gleichzeitig auch den Vorteil, dass es leichter als die Münzen war und man nicht immer einen Sack voll Hartgeld mit sich herumtragen musste. Das Geld hat also nicht ein kluger Kopf zu einer ganz bestimmten Zeit erfunden wie etwa das Telefon oder die Eisenbahn. Es hat sich erst nach und nach entwickelt, um das Leben zu vereinfachen. Trotzdem gibt es auch heute mit dem Geld Probleme und Streit. Der eine hat zum Beispiel sehr viel davon und ist steinreich, der andere zu wenig und ist bettelarm. Das Geld ist nicht gerecht verteilt. Außerdem kann das Geld dazu verführen, immer mehr besitzen zu wollen. Schließlich wird es ja nicht schlecht. Das Geld sei schuld daran, dass der Unterschied zwischen Armen und Reichen wachse, meinen manche. Um dabei nicht mehr mitzumachen, versuchen einige Menschen, freiwillig ohne Geld auszukommen.

Zurück zur Tauschwirtschaft

Wie das? Sie machen es ähnlich wie die Steinzeitmenschen: Sie tauschen. Nur dass es heute leichter ist, sich zu organisieren, nämlich zum Beispiel übers Internet. So sind in den letzten Jahrzehnten sogenannte *Tauschringe* entstanden, die weltweit funktionieren. Auch in vielen deutschen Städten gibt es diese Tauschringe, in denen Menschen ihre Arbeitskraft und Dinge anbieten. Mit Geld darf dabei niemand bezahlen.

Suche Nachhilfe, biete Babysitten!

In vielen Tauschorganisationen wird mit Zeit bezahlt. Jede Arbeit ist gleich viel wert und wird in Stunden gerechnet. Also zwei Stunden Nachhilfeunterricht können gegen zwei Stunden Gartenarbeit getauscht werden. Oder eine Stunde Friseur ist genauso viel wert wie eine Stunde Zahnarzt und so weiter. Trotzdem gibt es eine Art Währung. In einem Münchner Tauschring heißt die Verrechnungseinheit »Talente«, also Fähigkeiten und Begabungen.

Das geht so: Jede Stunde wird mit den Talenten bezahlt. Um zu wissen, wie viele Talente man schon ausgegeben oder bekommen hat, gibt es ein Konto, das eigene Talente-Konto. Jedes Tauschring-Mitglied bekommt ein Tauschheft mit eigener Teilnehmernummer. In diesem Heft notieren alle ihre jeweiligen Tauschgeschäfte. Das heißt, wenn zum Beispiel Katharina drei Stunden das Baby von Claudia hütet, trägt sich Katharina dafür 40 Talente mit einem Plus ein. Claudia hingegen muss 40 Talente in ihrem eigenen Tauschheft mit einem Minus versehen. So hat Katharina eine Art Guthaben von 40 Talenten und Claudia so etwas wie Schulden in Höhe von 40 Talenten. Dieser jeweilige Kontostand wird in einer Zentrale elektronisch gespeichert. Das Minus vor Claudias Talenten verschwindet erst, wenn sie jemandem drei Stunden lang etwas anbietet. Wer dabei ihr Tauschpartner wird, ist egal, es muss nicht Katharina sein.

So muss bei dieser Form von Tauschgeschäften also nicht mühsam ein Tauschpartner gefunden werden, der genau das sucht, was man selbst anbietet, und umgekehrt. Durch die »Talente«, die auf den Konten gutgeschrieben oder abgebucht werden, können Leistungen und Dinge kreuz und quer zwischen den Teilnehmern ausgetauscht werden. Auch kranke und alte Menschen können bei einem solchen Tauschring mithalten. Denn sie können vermutlich eher weniger Fähigkeiten, aber dafür umso mehr Lebensmittel und andere Gegenstände anbieten.

Diese Tauschidee funktioniert, wenn alle die Spielregeln befolgen und mit der jeweiligen Verrechnungseinheit zufrieden sind. Dazu gehört, dass jede Arbeit gleich viel wert ist. Außerdem müssen alle bereit sein, sich ständig neu miteinander abzusprechen.

Und im Großen?

Für eine kleine Menschengruppe ist das vielleicht möglich, aber klappt das auch mit allen Menschen? Immer wieder müsste man neue Tauschpartner finden, wildfremden Menschen vertrauen, und den Wert von Tauschgegenständen neu bestimmen. Den Unterschied zwischen Arm und Reich könnten wir dadurch vermutlich nicht abschaffen. Derjenige, der viel kann und herstellt, bekäme auch viel zurück. Derjenige, der wenig kann oder besitzt, könnte viel weniger tauschen – genauso wie beim Geld.

Kaum zu glauben:

In Papua-Neuguinea, einem großen Inselstaat im Pazifischen Ozean, ist neben der offiziellen Währung auch heute noch das Muschelgeld als Zweitwährung anerkannt. Dort gibt es auch die einzige Muschel-Bank der Welt. Sie wechselt das Muschelgeld in harte Währung, also in Münzen, die *»Kina«* heißen. Der Name kommt von der *Kina-Muschel*, die früher als Tauschmittel eingesetzt wurde. Auch die heutigen Geldscheine erinnern noch an eine Zeit ohne Geld: Tauschgegenstände wie Paradiesvogelfedern, Eberhauer oder eben Muscheln sind darauf abgebildet.

INDIEN!
780
MEILE
DA LANG
SanTa maria

32 Was wäre, wenn Kolumbus Amerika nicht entdeckt hätte?

Was sagt ihr dazu?

Almendra, 12 Jahre, aus Cusco (Peru), Tilman, 12 Jahre, und Tobias, 9 Jahre, aus Berlin:

Tilman: Das wäre schlecht gewesen, weil wir keine Kartoffeln oder Tomaten hätten. Aber für die Indianer wäre es besser gewesen, wenn niemand Amerika entdeckt hätte. Die Indianer hätten dann nämlich ihre Kultur weiterleben können, zum Beispiel weiter Tiere jagen.
Almendra: Ich glaube, dass unsere Namen anders klingen würden, es wären Namen auf *Quechua*, unserer Ursprache. Auch hätten wir die Natur besser geschützt und nicht so verschmutzt wie jetzt, weil unsere Vorfahren gut auf sie Acht gegeben hätten. Wir hätten heute noch andere Götter, viele. Alles wäre natürlicher, wir hätten nicht so viele Krankheiten und es gäbe mehr Kultur und Respekt allen Dingen gegenüber – lebendig oder nicht.
Tobias: Ich denke, ohne Kolumbus wäre es ganz schlimm gewesen, denn die Indianer hätten ohne die weißen Männer nicht weiterleben können. Sie hätten etwas verpasst, zum Beispiel die Erfindung der Eisenbahn oder die Pferdezucht. Aber eigentlich waren ja die Wikinger schon vorher in Amerika. Die Wikinger haben aber trotzdem Amerika nicht entdeckt …

Also, wer hat denn Amerika nun wirklich entdeckt? Die Wikinger? Der Seefahrer Christoph Kolumbus 1492? Die Indianer oder jemand ganz anderes? Sicher ist: Kolumbus war nicht der Erste, der seinen Fuß auf das neue Land gesetzt hat. Dort lebten bereits seit sehr langer Zeit Menschen. Diese Ureinwohner nannte Kolumbus später »Indianer«, weil er glaubte, er habe mit seinen Schiffen wie geplant Indien erreicht. Von dem neuen Land wusste nämlich 1492 noch gar niemand – abgesehen von den Ureinwohnern selbst natürlich. Man konnte es noch auf keiner Weltkarte finden. Warum gilt dann der italienische Seefahrer Christoph Kolumbus als der Entdecker Amerikas? Erst mit ihm wurde zum ersten Mal ein Wissen über die »Neue Welt« verbreitet. Dieses Wissen über die Lebensweisen der Menschen, über Tiere, Pflanzen, Bodenschätze und vieles mehr hat sich von da ab schneller als ein Lauffeuer in der ganzen Welt verbreitet. Was wäre also wohl aus Amerika und Europa ohne Christoph Kolumbus und seine nachfolgenden Seefahrer geworden?

Was bedeutete die Entdeckung für Amerika?

Wahrscheinlich hätten die Eingeborenen Amerikas noch viel länger ihre ganz unterschiedlichen Lebensweisen pflegen können. Die einzelnen Indianerstämme hatten sich unabhängig voneinander entwickelt. Das konnten die Eroberer sehen: Sie trafen einerseits auf mächtige Tempelbauten und prächtige Pyramiden, etwa bei den Azteken in Mexiko. Gleichzeitig fanden sie Menschen, die in einfachen Zelten und Hütten an den Küsten oder in den Wäldern als *Nomaden* lebten.

Die einzelnen Kulturen hätten vermutlich länger überlebt – und die Hochkulturen, wie etwa die der Inka aus Peru, hätten sich weiterentwickelt. Vielleicht könnte man das sogar heute noch an den Städten erkennen, die anders aussehen würden. Die Straßen und Häuser wären wohl nicht nach einem Schachbrettmuster angelegt worden. Das war die Idee der Eroberer.

Mit dem Ausdruck »Indianer« warf Kolumbus alle noch so unterschiedlichen Ureinwohner in einen Topf. Sonst hätten sie weiterhin zum Beispiel Maya, Reche, Inka und so weiter geheißen. Auch ihre verschiedenen Sprachen, in denen sie sich zum Teil noch heute verständigen, wären länger erhalten geblieben. Sprachwissenschaftler vermuten, dass zu Zeiten von Kolumbus dort noch ungefähr 400 verschiedene Sprachen gesprochen wurden. Auch heute gibt es noch viele indianische Sprachen. Aber mit den Eroberern aus Europa mussten die Eingeborenen Spanisch und Portugiesisch lernen und durften ihre eigenen Sprachen nicht mehr benutzen.

Den Indianern wäre also vieles erspart geblieben. Es wären vor allem nicht so viele Menschen in kurzer Zeit gestorben. Das lag auch daran, dass die europäischen Seeleute verschiedene Seuchen wie zum Beispiel die Pocken und die Masern nach Amerika einschleppten. Ob das Land aber friedlicher geblieben wäre, das ist nicht so sicher. Die einzelnen Volksstämme der Ureinwohner haben sich nämlich auch gegenseitig heftig bekämpft.

Eine Einheitsreligion hätte sich ohne Kolumbus wohl auch nicht durchgesetzt. Da die Spanier fast alle katholisch waren, haben sie die meisten Ureinwohner gezwungen, den katholischen Glauben anzunehmen und damit nur noch einen Gott zu verehren. Sonst glaubten die Südamerikaner noch heute an viele Götter, wie Almendra schreibt. Also, das ganze Leben der Ureinwohner wurde innerhalb von 200 Jahren komplett umgekrempelt – wie ein Pullover von links auf rechts gedreht wird.

Aber es gibt immer zwei Seiten einer Geschichte: Es sind dabei, wie Tobias erklärt, auch gute Sachen für die Indianer herausgekommen. Wer weiß, ob sie sonst etwa so rasch hätten Handel treiben können mit den europäischen Ländern? Die Seefahrer vor über 500 Jahren haben die Welt miteinander vernetzt und Kontakte zwischen Völkern ermöglicht, die es ohne sie erst viel später gegeben hätte. So haben die Europäer etwa die Pferde nach Amerika gebracht.

Was bedeutete die Entdeckung Amerikas für die Europäer?

Für Europa und die Europäer, vor allem für die Spanier, war diese Entdeckung der sogenannten »Neuen Welt« ein riesiges Geschenk. Da Kolumbus im Namen Spaniens auf seinen vier Reisen unterwegs war, bescherte er Spanien Reichtum und Macht. Das Land galt danach als das reichste in Europa.

Viele bis dahin unbekannte Nahrungsmittel gelangten seitdem über den Seeweg nach Europa: Kartoffeln, Kürbisse, Tomaten, Mais und Ananas stammen ursprünglich aus Mittel- und Südamerika, also zum Beispiel aus Ecuador und Guatemala. Die Eroberer fanden in Amerika ein wahres Paradies an Bodenschätzen vor: Sie gruben Gold und Silber aus und schickten es über den Seeweg direkt nach Europa. Das Wissen um die »Neue Welt« löste eine Auswanderungswelle in Europa aus. Viele Menschen, die zum Beispiel aus England, Irland, Holland oder Deutschland aufbrachen, erhofften sich ein besseres Leben in Amerika. So gesehen haben sich neue Kontakte aufgetan und die Welt ist ein bisschen mehr zusammengerückt.

Erde

33 Was wäre, wenn die Welt von einem König regiert würde?

Wie ist das in eurer Klasse, gibt es da einen Chef? Einen Anführer, der allen sagt, wo es langgeht, und keinen Widerspruch duldet? Habt ihr sozusagen einen König oder eine Königin im Klassenzimmer? Dann wisst ihr ja vielleicht, wie das geht mit dem Beherrschen und Beherrschtwerden. Wenn nur einer die Befehle gibt und keiner mitbestimmen will, dann ist schnell klar, was gemacht wird: »Heute in der Pause fangen die Mädchen die Jungs.« Ganz einfach, die Klassenkönigin bestimmt. Was aber, wenn ihr nicht mitmachen und lieber Fußball spielen wollt? Streitet ihr dann? Kämpft ihr für euern Vorschlag oder macht ihr am Ende doch mit beim Fangenspiel, weil es am bequemsten ist, besonders wenn keiner aus der Klasse zu euch hält?

Die Machtfrage

Die Frage, wer das Sagen hat, ist uralt. Sie taucht immer wieder auf, wo Menschen zusammenleben. Früher war diese Frage der Herrschaft oft durch einen einzelnen Menschen geklärt, den König. Er hatte die uneingeschränkte Macht zu befehlen und zu schützen, seinem Willen wurde gehorcht, im Guten wie im Schlechten.

Heute ist dies zumindest in Europa lange Vergangenheit, kein König regiert mehr unser Land. Doch wenn wir nur einige hundert Jahre zurückschauen, erfahren wir schon, wie es war, als ein König in Europa regierte. Reist mit mir nach Frankreich, an den Hof eines mächtigen Königs.

Ludwig, der Sonnenkönig

Da steht es, ein prächtiges Schloss: mit Gärten und Wasserspielen, mit Spiegelsälen und kristallenen Kronleuchtern. Mit pompösen Himmelbetten, kostbaren Porzellanfigürchen und goldenen Spieluhren. Eine Welt wie eine riesige Schatztruhe, prall gefüllt mit den feinsten und schönsten Kostbarkeiten, die ein König zu dieser Zeit besitzen konnte. Das ist die Welt von König Ludwig, dem Sonnenkönig, in seinem prunkvollen Schloss von Versailles. Vor rund dreihundert Jahren herrschte er über Frankreich und sein ausgefallener Geschmack verzauberte damals die ganze europäische Welt. Alle wollten leben wie er. Denn Ludwig war ein Vorbild, ja ein Superstar.

Wie gerecht ist ein König?

Doch das Leben in Saus und Braus, die teuren Kleider, die rauschenden Feste, all das war ein Luxus, von dem nur der König und seine Freunde etwas hatten. Die Bauern und Handwerker bekamen nichts davon ab. Aber sie mussten nach den Gesetzen des Königs leben und ihm hohe Gelder bezahlen, Steuern. Von diesem Geld bezahlte der König sein lustiges Leben. Stellt euch vor, wenn man ein Brot backte oder wenn man Hochzeit feiern wollte, ja selbst wenn ein Kind geboren wurde, musste das Volk Geld an den König bezahlen. Eines Tages reichte es den Bauern. Sie fühlten sich ungerecht behandelt und so kam es, dass sie auf einem Dorfplatz in Frankreich zusammenkamen und schimpften: »Der König ist ein Halsabschneider! Er presst uns aus wie Zitronen.« Auf ihren Gesichtern konnte man Unzufriedenheit und Hunger sehen. Einer jammerte: »Wir sind so arm und müssen trotzdem dem König immer mehr Geld abgeben!« – »Wie sollen wir denn unsere Kinder satt bekommen?«, brüllte ein anderer. Aber den König juckte das alles nicht. Wer über ihn schimpfte oder nicht zahlte, kam ins Gefängnis.

Wie beim Anführer in eurer Klasse, sagt ihr? Wer nicht auf sein Wort hört, bezieht Prügel? Genau das ist das Problem mit den Herrschern und Königen, mit den Bandenchefs und Bestimmern, sie dulden keinen Widerspruch und wollen immer nur ihren Willen durchsetzen. Egal wie es den anderen dabei geht.

Die Bauern in Frankreich jedenfalls wurden irgendwann so wütend auf ihren König und seine strengen Regeln, dass sie sich mit Stöcken und Pistolen bewaffneten, durch die Straßen stürmten und schrien: »Freiheit, Gleichheit, Brüderlichkeit.« Das war der 14. Juli 1789, der Beginn der Französischen Revolution. Mit diesem Aufstand in Frankreich endete das Königreich und das Volk bekam erstmals Rechte. Manche davon sind sogar noch heute bei uns aktuell, das Recht auf Meinungs- und Redefreiheit zum Beispiel.

Zum Glück leben wir heute in einer Demokratie, da darf jeder mitbestimmen und kein König oder Herrscher kann uns mehr Vorschriften machen. Und das muss man vielleicht auch den Anführern und Bandenchefs ab und zu mal sagen …

Kaum zu glauben:

Ludwig XIV., auch Sonnenkönig genannt, war einer der mächtigsten Könige in Europa. Schon als vierjähriges Kind hat er den Thron geerbt und wurde so jung König von Frankreich. Zuerst haben allerdings seine Mutter und mächtige Minister das Land für ihn regiert – als junger Mann übernahm er dann alleine die Herrschaft und hat schließlich 72 Jahre regiert, so lange wie kein anderer König je in Europa.

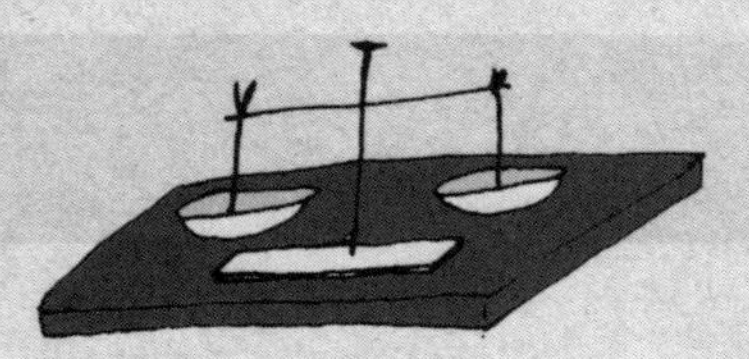

Spielplätze
Überall
7 MITTWOCH

34 Was wäre, wenn ihr die Gesetze machen würdet?

Emani, 10 Jahre, aus Landau i.d. Pfalz:

Dann würde ich das Geld zum Mond schießen und die Menschen auf nett programmieren. Und keine Hundesteuer verlangen. Und die Schule in der Erde vergraben. Ich würde mich immer auf ausgeschlafen einstellen. Und da es keine Schule gibt, muss man auch zu Hause nur zwei Tage Unterricht von den arbeitslosen Eltern bekommen. Apropos arbeitslose Eltern, ja die sind wirklich arbeitslos, sie müssen nur jeden Tag das Haus putzen, mit den Kindern Hausaufgaben machen und Essen kochen. Wenn ich die Gesetze verändern könnte, wäre es so und nicht anders.

Nicolai, 11 Jahre, aus Jockgrim:

1. Jedes Kind muss Fußball spielen können.
2. Jeder Erwachsene muss nicht arbeiten – aber sie müssen die Kinder mit dem Auto rumkutschieren.
3. Die Kinder müssen nicht in die Schule.
4. Deutschland heißt ab jetzt HaHa!
5. Die Mamas müssen für alle Kinder kochen.
6. Alle Väter müssen den Tisch decken.
7. Die Schokoladenfabrik muss jedem Kind Schokolade geben.

Justin, 11 Jahre, aus Landau i.d. Pfalz:

Ich würde dann mehr Fußgängerampeln aufstellen und die Schulzeit um eine Stunde verkürzen. Und ich würde es verbieten, dass Hunde ihr »Töpfchen« auf Grünflächen vor Häuser machen oder auf Spielplätze. Ich würde dann auch in jedem Dorf einen Platz mit Kunstrasen bauen lassen, auf dem alle Fußball spielen dürfen. Ich würde jedes Jahr in allen Dörfern einen Sportwettbewerb machen für Kinder aus allen Ländern der Welt.

Dinair Deutschland-America

35 Was wäre, wenn die Saurier nicht ausgestorben wären?

Stellt euch vor: Wir sind im 21. Jahrhundert und die Dinos leben noch – zusammen mit uns Menschen. Vielleicht hätten wir dann kleine Dinosaurier als Haustiere? Würden sie an der Leine spazieren führen und mit ihnen Gassi gehen? Oder vielleicht würden wir auf den größeren, pflanzenfressenden Echsen reiten, auf gezähmten Flugsauriern durch die Luft sausen oder uns Fischsaurier-Babys zu Hause ins Aquarium setzen?

Nein, so wäre es sicher nicht, denn das hätten die Saurier kaum zugelassen.

Menschen wären wohl nicht auf dem Planeten Erde

Wissenschaftler vermuten, dass es uns Menschen gar nicht gäbe, wenn die Riesen-Dinosaurier die Erde nicht verlassen hätten. Vielleicht würde stattdessen ein besonders kluger Dinosaurier mit zwei langen Hinterbeinen und aufrechtem Gang unseren Planeten beherrschen? Unter den Landechsen muss es nämlich hochintelligente Wesen gegeben haben. Wer weiß?

Sicher ist, dass der Platz vor allem für große Säugetiere an Land gar nicht gereicht hätte. Wo sollten Elefanten, Giraffen, Elche und viele andere große Säuger sich ansiedeln neben den Riesenechsen? Niemals hätten sich so viele verschiedene Säugetierarten ausbreiten können, wie wir sie heute auf der Erde haben. Denkt nur einmal an die großen Bisonherden in Nordamerika. Die wären sich sicherlich mit den Dinosauriern in die Quere gekommen.

Weniger Vogelarten und Fische

Und so viele verschiedene Vogelarten gäbe es auch nicht. Wie hätten die Vögel den Luftraum erobern sollen bei all den vielen Flugsauriern?

Übrigens haben sich die kleineren Dinosaurier nach und nach zu Vögeln weiterentwickelt. Die Vögel sind also die direkten Nachfahren kleiner Dinosaurier, die vermutlich auch Federn hatten und natürlich Eier legten.

In den Ozeanen sähe es wohl auch anders aus. Da würden sich immer noch unzählige Fischsaurier neben Krebsen, Wasserschildkröten und anderen kleineren Fischen tummeln. Die Fischsaurier waren übrigens die allerersten, die von der Erde verschwunden sind – also noch vor den Flug- und Landechsen.

Kein Mensch hat je einen Dinosaurier gesehen

Beweisen können die Forscher solche Was-wäre-wenn-Ideen nicht. Schließlich sind wir Menschen erst seit ungefähr sechs Millionen Jahren auf dem blauen Planeten. Als wir dazukamen, waren alle Saurier längst weg. Keiner von uns oder unseren Vorfahren hat je einen Saurier beobachten können. Aber ein paar Dinge wissen wir trotzdem. Fest steht, dass sich die Reptilien auf der gesamten Erde ausgebreitet hatten. Forscher haben nämlich auf allen Kontinenten versteinerte Knochenreste und andere *Fossilien*, wie etwa Fußabdrücke in Steinen, gefunden.

Es ist hingegen noch immer ein Rätsel, warum die Dinosaurier eigentlich ausstarben. Lag es tatsächlich an Vulkanausbrüchen oder an einem gigantischen Meteoriteneinschlag? Oder trugen auch die Säugetiere, von denen einige kleinere Arten neben den Sauriern schon damals lebten, zum Massensterben der Tiere bei? Einige Säugetiere, die so ähnlich aussahen wie Mäuse, haben nämlich die Eier der Saurier angeknabbert und sogar kleinere Dinos gefressen. Wahrscheinlich kamen verschiedene Gründe zusammen, dass die Reptilien nach vielen Millionen Jahren verschwanden.

Massensterben der Saurier – Glück für andere Tierarten

Einige kleinere und mittelgroße Säugetiere haben schon zeitgleich mit den Echsen gelebt. Die meisten Säuger haben die Erde erst zwei Millionen Jahre nach den Dinos erobert. Zu den allerersten Säugetieren, die sich nach den Sauriern auf der Erde ausbreiteten, gehörten Fledermäuse und Urpferde. Das Urpferd war nur so klein wie ein großer Hund, während die ersten Fledermäuse schon so aussahen wie die heutigen. Das Aussterben der Saurier ist ein gutes Beispiel dafür, dass das Massensterben bestimmter Arten auch Chancen in sich birgt: So kann neues Leben entstehen. Wären die Saurier nicht von der Bildfläche verschwunden, hätte die Herrschaft der Säuger wohl nie begonnen und uns Menschen hätte es nie gegeben. Vielleicht würde der Tyrannosaurus Rex ja noch immer durch Nordamerika stapfen …

Kaum zu glauben:

In China hat man im Magen eines mittelgroßen Säugetieres mit kurzen Beinen Dino-Reste gefunden. Ein Beweis dafür, dass einige Säugetiere von damals doch dazu beigetragen haben könnten, dass die Dinosaurier ausgestorben sind.

Zukunftsbrillen
Alles
F
Schlechte
Alles
Gute

36 Was wäre, wenn wir in die Zukunft sehen könnten?

Was sagt ihr dazu?

Felicitas, 8 Jahre, Charlotte, 7 Jahre, Felix, 9 Jahre, und Marc, 10 Jahre, aus Mainz:

Felicitas: Wenn ich in die Zukunft blicken könnte, würde ich gerne wissen, ob ich eine große Reiterin werden würde und über alle Hindernisse springen könnte.
Marc: Ich würde wissen wollen, ob es in ganz normalen Autoläden vielleicht Raketenautos gibt in der Zukunft.
Charlotte: Ich würde schauen, ob wir drei für immer Freundinnen bleiben oder ob wir uns irgendwann so streiten, dass wir nie mehr Freundinnen sind, das hoffe ich aber nicht – und ob ich mal heirate und Kinder kriege, das würde ich auch gerne wissen.
Felix: Ich würde gerne herausfinden, welche Noten ich schreiben würde und ob ich im Lotto gewinnen würde. Außerdem würde ich auch gerne wissen, ob in ein paar Hundert Jahren neue Tiere gefunden würden und ob man dann schon zum Mond eine Reise machen kann.

Praktisch wäre es auf jeden Fall: Vielleicht könntet ihr tatsächlich herausfinden, was ihr für die kommenden Schulaufgaben lernen müsstet oder, wie von Charlotte gewünscht, in wen ihr euch einmal verlieben würdet. Für Felix wäre es am besten, die sechs Gewinnzahlen des nächsten Lottospiels zu erspicken, um den Jackpot zu knacken. Aber es wären dann wahrscheinlich auch traurige Dinge dabei, Krankheiten, Scheidungen oder Umweltkatastrophen, von denen wir dann beim »Zukunftsschauen« nicht verschont blieben.

Was alles passieren wird, können wir uns zwar in unserer Fantasie *vorstellen*, aber *wissen* können wir es nicht. Denn es gibt zwar Brillen für die Sonnenfinsternis und auch 3D-Brillen, aber Brillen, mit denen wir in die Zukunft sehen können, die müssen erst noch erfunden werden.

Von Hexen, Wahrsagern und Hellsehern

Dabei hat die Menschen schon immer interessiert, was passieren wird. Sie hofften dann einfach, besser gewappnet zu sein. Manche glauben tatsächlich, besondere Fähigkeiten zu besitzen: Sie sehen in die Zukunft und deuten sie. Hexen benutzen dafür eine magische Kugel. Wahrsagerinnen meinen, die Zukunft von den Handinnenflächen ablesen zu können, oder befragen die Karten. Astrologen blicken in die Sterne, um etwas über die Zukunft zu erfahren. Schamanen aus Asien erhalten Botschaften von den Geistern des Universums und Propheten empfangen Zeichen von Gott, meist im Traum. Ob man dem aber dann glaubt, muss jeder selbst entscheiden.

Nostradamus und Weltuntergangs-Experten

Zu diesen Menschen mit hellseherischen Begabungen gehörte auch der berühmte Apotheker und Arzt aus Frankreich Michel Nostradamus. Er lebte im 16. Jahrhundert und galt als der Zukunftsprophet seiner Zeit. Sogar heute noch schauen manche in die Bücher dieses Arztes, um die Zukunft zu deuten. Allerdings hat Nostradamus seine Vorhersagen so in Verse verrätselt, dass es lange gedauert hat, sie zu entschlüsseln. So hatte er damals zum Beispiel für 2002 eine bemannte Mars-Expedition vorausgesagt. Fehlanzeige! Denn bis jetzt hat noch nie ein Mensch seinen Fuß auf den Mars gesetzt. Einige Male schon konnte man etwas über den Weltuntergang in seinen Büchern nachlesen. Zum Glück ist das aber nie eingetreten.

Wird das Zukunftssehen benutzt, um Weltuntergangsstimmung herzustellen und Angst zu machen, wozu soll es taugen? Damals, zu Zeiten Nostradamus', diente es den Mächtigen dazu, dem Volk Angst einzujagen und es damit einzuschüchtern. Heute tun deshalb viele Menschen solche Vorhersagen als schlimmen Quatsch ab oder nehmen sie nicht ernst. Tatsächlich gehen die wenigsten Zukunftsprophezeiungen in Erfüllung.

Auch Wissenschaftler erforschen die Zukunft

Wissenschaftler stützen ihre Aussagen auf Erfahrungen und sie orientieren sich an Forschungsergebnissen. Das bedeutet, sie blicken nicht etwa in die Sterne oder in schöne Glaskugeln, sondern zuerst zurück und leiten daraus ab, was in der Zukunft passieren könnte. So wird in der Medizin viel Geld für Zukunftsforschung ausgegeben, zum Beispiel um bestimmte Krankheiten wie etwa Krebs in den Griff zu bekommen. Wird das Zukunftssehen für die Forschung eingesetzt, kann es sogar lebensrettend sein. Auch beschäftigen sich Wissenschaftler aus anderen Bereichen mit der Zukunft, als eine Art wissenschaftliche Hellseher. So wird in technischen Berufen viel an der Zukunft herumgebastelt, meistens um sich auf Katastrophen besser vorbereiten zu können. Erinnert ihr euch noch an die *Tsunami*-Katastrophe an Weihnachten 2004? Heute gibt es an diesen Küsten der indonesischen Inseln eine Art Zukunftsboten, damit bei einer erneuten Riesenwelle den Menschen mehr Zeit zum Fliehen bleibt. Das sind Bojen, die Erdbewegungen und Strömungen an der Wasseroberfläche und am Grund des Meeres messen können. Die Bojen senden ihre Daten in ein Zentrum nach Jakarta, von wo aus innerhalb weniger Minuten Alarm gegeben werden kann. Die Menschen auf den indonesischen Inseln müssen durch diese Messstationen also keine so große Angst mehr vor den Riesenwellen haben. Trotzdem sind viele Wissenschaftler eher vorsichtig mit ihren Vorhersagen über die Zukunft, weil sie wissen, es könnte auch anders kommen.

In die nahe Zukunft können wir sowieso schauen, oder?

Weniger vorsichtig erklären uns Klimaforscher als »Hellseher des Wetters« andauernd, wie die nächsten Tage wettermäßig werden. Finanzexperten und Versicherungsunternehmer schließen Verträge ab, die in die Zukunft weisen. Sie könnten »Hellseher der Zahlen« heißen. Architekten entwerfen die Städte der Zukunft und so weiter. In einigen Ländern kann man sogar »Zukunftswissenschaft« als eigenes Fach an den Universitäten studieren. Und in Deutschland zeichnet der Bundespräsident herausragende Wissenschaftler seit vielen Jahren mit dem Deutschen Zukunftspreis aus. Trotzdem liegen auch sie immer mal wieder daneben, denn Irren ist menschlich!

Kaum zu glauben:

Im Senckenberg-Museum in Frankfurt steht eine Zeitmaschine, mit der die Museumsbesucher aus Spaß in die Zukunft reisen können. Forscher haben berechnet, wie die Erde wohl in 250 Millionen Jahren aussehen wird – wenn sich alles so weiterentwickelt wie bisher. Und dabei ist etwas Überraschendes herausgekommen: Alle sechs Kontinente werden zu einem einzigen riesigen Stück Land zusammenwachsen. Die Ozeane sind dann nicht mehr voneinander getrennt, sondern verbinden sich zu einem einzigen großen Weltmeer. Aber das liegt so weit in der Zukunft, dass wir das sicher nicht mehr erleben werden – es sei denn, wir werden immer wiedergeboren (mehr dazu im Kapitel 26, S. 165).

OFF
ON

37 Was wäre, wenn es keinen elektrischen Strom gäbe?

Ihr könnt ihn nicht sehen, nicht hören und auch nicht riechen, und doch würdet ihr ihn sehr vermissen, den Strom. Er ist unsichtbar, aber entscheidend für unser Leben. Kein Kühlschrank würde in eurer Küche brummen und die Fischstäbchen in der Gefriertruhe wären schnell aufgetaut. Aber braten könnten wir sie nicht, da auch der Herd ohne Strom nicht will. Die Heizung und das Wasser aus dem Hahn wären eiskalt, denn unser warmes Wasser wird meist mit Strom erhitzt. Der Fernseher würde keinen Mucks mehr von sich geben. Das Telefon könnte nicht mehr klingeln und der Computerbildschirm bliebe schwarz. Draußen würden die Straßenbahnen und Züge stehen bleiben. Die Ampeln ausfallen und am Abend keine Straßenlaterne mehr brennen. Und wir würden dann im Dunkeln in unseren Häusern um eine Kerze sitzen und uns Geschichten erzählen von damals, als es noch Strom gab …

Was ist eigentlich Strom?

Strom wie wir ihn heute kennen, der einfach aus der Steckdose kommt, wurde vor noch gar nicht so langer Zeit erfunden. Erst Ende des 19. Jahrhunderts konnten die ersten Deutschen Strom in ihrem Haus nutzen, damals nur die Reichen. Heute werden wir alle in Europa mit Strom versorgt. Riesige Netze mit Stromleitungen verbinden unsere Länder, Städte, ja schließlich jedes Haus. Doch Strom lässt sich nicht im Keller oder einem Tank lagern, wie Kohle, Öl oder Gas, sondern Strom muss immer in der richtigen Menge direkt im Kraftwerk produziert werden, bevor er in die Leitung und dann zu uns nach Hause geschickt wird. In den Kraftwerken wird heute Strom mit Hilfe von Kohle, Wasser, Atomkraft oder Sonne und Wind erzeugt. Das Geheimnis des Stroms ist aber immer das gleiche, egal aus welchem Kraftwerk er kommt. Das Zauberwort heißt *Elektronen*, sie machen den Strom. Denn in den Stromkabeln sitzen Elektronen. Werden jetzt vom Kraftwerk, mit dem die Stromkabel verbunden sind, zusätzlich viele Elektronen in die Leitung gepumpt, dann fließt Strom, nämlich die Elektronen, in unsere Glühlampe, den Toaster oder den Fernseher, je nachdem, wo wir ihn gerade benötigen. Legen wir den Schalter um, unterbrechen wir den Stromfluss, legen wir ihn zurück, geht alles wieder weiter …

Wie einfach scheint uns das, und doch ist das Leben mit elektrischem Strom auch heute noch eine Besonderheit, die nicht überall auf der Welt selbstverständlich ist.

Leben ohne Strom

Das kleine Mädchen Baraa wohnt in einem Bergdorf im Nordjemen, 2800 Meter über dem Meeresspiegel. Der Jemen liegt am Südzipfel der Arabischen Halbinsel und gehört zu den ärmsten Ländern der Erde. In Baraas Dorf gibt es keinen elektrischen Strom. Aber ganz viele Kinder. Weiter erzählt Baraa am besten selbst:

»Hallo ich heiße Baraa, das bedeutet ›Unschuld‹. Ich bin fünf und habe zehn ältere Geschwister. Wir wohnen alle zusammen in einem Haus. Das hat zwei Zimmer, eine Küche und ein kleines Bad. Morgens, wenn wir aufwachen, ist es noch dunkel im Zimmer: Die Fenster sind nämlich sehr klein, damit es im Winter nicht so kalt wird. Wir haben ja keine Heizung und auch keinen Strom für Licht. Jetzt zündet Mama die Petroleumlampe an und kocht Schwarztee auf dem Gaskocher. Einen Herd haben wir nicht. Tante Aisha knetet den Teig für die Fladenbrote, später backt Mama sie über dem Holzfeuer vor unserem Haus.

Wenn die größeren Kinder losgehen zur Schule, helfe ich Mama beim Wasserholen am Brunnen und Brennholz sammeln. Das machen wir jeden Tag so.«

Die Mama von Baraa hat weder einen Kühlschrank noch eine Waschmaschine oder Spülmaschine, denn sie leben ja ganz ohne Strom. Alles, was Baraas Mutter für ihre große Familie kocht oder backt, muss sie auf dem Gaskocher zubereiten, so einer, wie wir ihn zum Campingurlaub nehmen. Vorräte werden gleich eingekocht oder kühl gelagert, Brot jeden Tag neu gebacken. Wenn Waschtag ist, rührt Baraas Mama in einem großen Topf über dem Gaskocher eine Seifenlauge an und wäscht darin die Kleider. Geschirrspülen läuft übrigens ähnlich, nur nimmt sie dafür kaltes Wasser und schrubbt eben länger. Baraa hilft ihrer Mutter bei allem, was sie tut, denn es gibt für Baraa keinen Kindergarten im Dorf, kaum Spielzeug, keinen Fernseher, keinen CD-Player, Gameboy oder Computer. Aber Baraa hat auch so genug zu tun:

»Wenn wir baden, ist es immer etwas ganz Besonderes. Dann macht Mama das Wasser aus dem Brunnen auf dem Gaskocher warm. Ich sitze auf einem Hocker in unserem kleinen Bad und Mama schüttet mir mit einer Schale Wasser über den Körper. Dann schrubbt sie mich mit einer rauen Luffagurke, bis aller Dreck weg ist – das dauert manchmal ganz schön lang. Wenn alle elf Kinder gebadet sind, ist der Tag meist rum. Am Ende wäscht Mama sich noch selber.

Dann essen wir ein bisschen Brot und rollen unsere Matratzen alle in einem Zimmer zum Schlafen aus. Mama und Tante Aisha reden noch im Schein der Petroleumlampe, sonst ist es ganz dunkel in unserem Haus. Papa geht manchmal zu den Nachbarn. Aber weit geht er nicht. Denn wenn die Sonne untergeht, wird es auch draußen im Dorf ganz dunkel, weil es ja keine Lampen gibt. Da kann man auf den steinigen Wegen leicht stolpern. Um zehn sind hier alle im Bett.«

Kaum zu glauben:

Wir Menschen müssen den Strom mühsam produzieren, wenn wir überhaupt welchen haben. Wie viel einfacher hat es da der Elektrofisch. Ein Fisch, der Strom macht? Es gibt ihn, wirklich! Der Zitteraal lebt in den Gewässern von Südamerika. Er kann durch besondere Muskeln elektrische Spannung, also Strom erzeugen. Die Stromschläge des Zitteraals können so stark sein, dass sie selbst für Menschen gefährlich sind. In der Regel aber betäubt oder tötet der Zitteraal mit ihnen seine Beute. Dazu nähert er sich seinen Feinden und versetzt ihnen dann mit seinem Körper einen Stromschlag.

V
Vom Träumen bis zum Wünschen

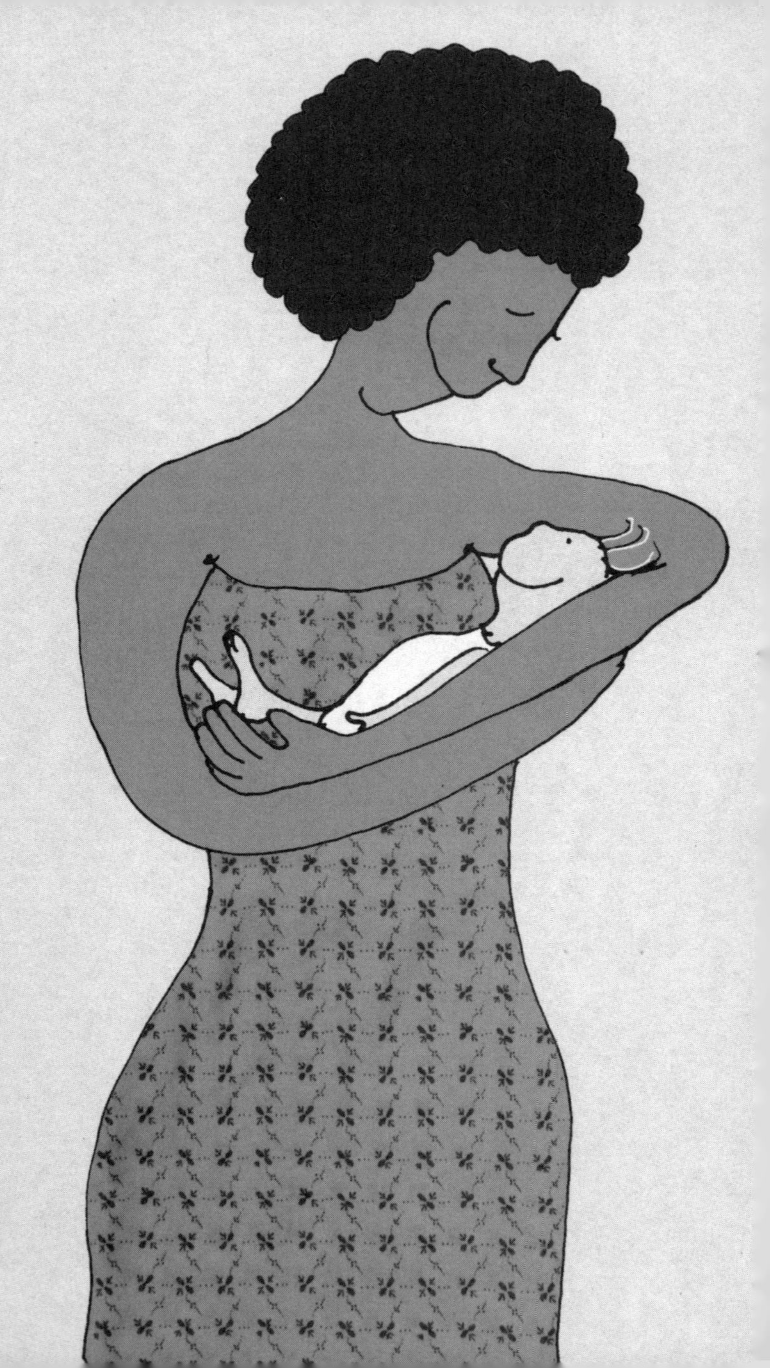

38 Was wäre, wenn überall Frieden herrschen würde?

Einst wohnte ein großer Held mit Namen Lysabasu in einem Wald. Wann immer Lysabasu kämpfte, sangen ihm seine beiden Sänger Mut zu. Eines Tages zog der Held Lysabasu seinem großen Feind Grualadia und dessen Sängern entgegen. Als die beiden Helden jedoch ihre Speere aufeinander warfen, prallten die Waffen an ihren Körpern ab. Egal, ob sie mit Schwertern oder mit Baumstämmen aufeinander einschlugen – immer blieben die Kämpfer unverletzt. Lysabasus Sänger und die beiden von Grualadia sangen dabei immer lauter, um ihre jeweiligen Helden anzuspornen. Doch auf einmal sangen die vier nicht mehr gegeneinander an, sondern miteinander, dasselbe Lied. Da sagte Grualadia zu Lysabasu: »Wir haben beide große Kraft in unserem Körper, wir sollten Freunde sein.« So schlossen sie Frieden und blieben Freunde bis heute.

In diesem Märchen aus Westafrika verwandeln sich die beiden verfeindeten Riesen in Freunde – ganz einfach. Wie wäre es, wenn wir nie streiten würden? Auf den ersten Blick wäre das schön, wenn wir uns alle dauernd gut verstehen würden und uns nie in die Haare bekämen: kein Streit mehr mit Geschwistern, keine Auseinandersetzung mehr mit Eltern und Freunden, keine Tränen und Geschrei. Keiner würde den anderen mit Worten oder wie bei Kriegen mit Waffen verletzen. Aber hieße das nicht auch, dass wir immer alle einer Meinung sein und die gleichen Interessen haben müssten? Das ginge gar nicht und wäre auch gähnend langweilig, oder?

Die Natur des Menschen

Sind die Menschen von Natur aus friedlich oder streitsüchtig? Was meint ihr?

Der berühmte deutsche Denker Immanuel Kant hat vor über 200 Jahren in einem Buch festgehalten: Frieden ist kein Naturzustand. Von Natur aus führen die Menschen Krieg, sind also gewalttätig und aggressiv. Trotzdem glaubte auch Kant daran, dass Frieden möglich ist. Alle müssten bereit sein, sich für den Frieden einzusetzen, dann könnte es funktionieren. Selbst in der afrikanischen Geschichte müssen sich die beiden Helden zunächst bekämpfen, bevor sie Frieden schließen. Erst dann kommen sie zu der Einsicht, dass ihre Kräfte zu Besserem taugen als zum Töten. Der Friede fällt also nicht automatisch vom Himmel herab, er muss erst gestiftet werden.

Streitschlichter als Friedensboten an Schulen unterwegs

Das Friedenschließen können alle lernen. Wie es im Kleinen funktioniert, das erlebt ihr schon in euren Familien oder in der Schule. Falls ihr an eurer Schule *Streitschlichter* habt, dann wisst ihr, wie Probleme friedlich und fair gelöst werden können. Streitschlichter sind Schülerinnen und

Schüler, die bei Problemen auf dem Schulhof als Vermittler zwischen den beiden Streithähnen eingreifen. Sie haben dafür extra eine Ausbildung gemacht und handeln nach bestimmten Regeln. Dazu gehört, dass sie besonders gut zuhören und neutral bleiben müssen. Die Streitschlichter ergreifen also nicht Partei für die eine oder die andere Seite. Durch diese Streitschlichter gelingt es bei Ärger, Lästern oder Prügeleien, friedlich einen Kompromiss zu finden. Die Lösung wird dabei in einer Art Friedensvertrag festgehalten. So schaffen es alle Schüler nach einiger Zeit, ohne Gewalt miteinander umzugehen, und sie lernen vor allem, dass jeder Streit oder Kleinkrieg in Frieden umgewandelt werden kann.

Streitschlichter zwischen Ländern

Um in der Welt Frieden zu schaffen und ihn zu sichern, gibt es eine Organisation, in der inzwischen fast alle Länder vertreten sind: kurz UNO genannt. Die United Nations, also die Vereinten Nationen, wurden am Ende des Zweiten Weltkrieges 1945 gegründet. Ihr wichtigstes Ziel ist, dass alle Menschen in Frieden miteinander leben. Aber trotzdem gab es seit Bestehen der UNO so gut wie keine Zeit ohne Krieg. Zum Glück ist kein Weltkrieg mehr entstanden – dafür aber Bürgerkriege, zum Beispiel in Jugoslawien.

Das zeigt, wie schwierig es für die Menschen ist, friedlich miteinander zu leben. Denn eine Voraussetzung ist, dass alle genug zu essen haben. In Ländern, wo Hunger und Elend herrschen, wie etwa in einigen Ländern Afrikas, bricht viel schneller ein Bürgerkrieg aus als in reicheren Ländern.

Um einem Weltfrieden näher zu kommen, arbeiten viele Unterorganisationen für die UNO. Einige davon beschäftigen sich zum Beispiel nur mit einem einzigen Land oder mit einem ganz bestimmten Thema. Das Kinderhilfswerk UNICEF, von dem ihr wahrscheinlich schon einmal gehört habt, kümmert sich um die Kinder auf der ganzen Welt. UNICEF sammelt Gelder, um Kindern Nahrung, Kleider und eine Schulausbildung zu ermöglichen. Denn darin sind sich alle einig: Frieden ist nur möglich, wenn Kinder und Erwachsene auch schreiben und rechnen lernen. Nur so können die Menschen frei sein, um selbst über sich zu bestimmen. Sonst wird es immer Mächtigere geben, die die Ungebildeten unterdrücken. Schließlich haben Gewalt und Krieg auch etwas mit Macht und Abhängigkeit zu tun. Friedensforscher berichten: Seit 1992 sind weltweit viel weniger Kriege geführt worden als zuvor. Das heißt also: Die Welt ist friedlicher geworden, aber trotzdem gibt es noch Kriege und der Weltfriede ist nur ein Traum.

Wie wäre ein Weltfriede möglich?

Damit dieser Traum gelingen kann, muss erst einmal jedes einzelne Land friedlich funktionieren. Mit Herrschern an der Spitze, die ihr Volk unterdrücken, kann es nicht klappen. Eher schon mit frei gewählten Politikern, wie wir sie etwa in Deutschland haben. Friedensforscher meinen, dass ein Frieden stabiler und wahrscheinlicher ist, wenn sich verschiedene Länder zusammenschließen und zusammenarbeiten – wie die beiden Riesen aus dem Märchen, die ihre Kräfte zusammen nutzen wollen. Eine solche Gemeinschaft ist die Europäische Union, kurz EU genannt. Ganz wichtig ist, dass immer eine Art Streitschlichter zwischen den einzelnen Ländern vermittelt und in den jeweiligen Ländern aufpasst.

Für den Weltfrieden können wir selbst wenig tun.

Aber was auch schon gut wäre, wenn wir im Kleinen, in unseren Familien und unter Freunden und Nachbarn anfangen würden, Probleme gewaltfrei zu lösen. Dann könnte es in der Schule und bei der Arbeit klappen, in den einzelnen Ländern und zuletzt vielleicht auch zwischen allen Ländern der Welt. So könnten wir im wirklichen Leben Frieden herstellen – auch wenn es sicher schwieriger als in dem westafrikanischen Märchen ist.

Kaum zu glauben:

Der Traum der Menschen vom Frieden ist uralt: Schon vor 3000 Jahren, also noch vor Christus, gab es ein Gesetz, das den Frieden garantieren sollte, zumindest für drei Monate während der Olympischen Spiele. Die griechischen Stämme unterzeichneten eine Übereinkunft, in dieser Zeit nicht gegeneinander zu kämpfen. Nur so konnten die Athleten mitsamt ihrem Gefolge und ihren Familienangehörigen in Sicherheit anreisen und Sport treiben. Der Olympische Friede galt als heilig.

RU HE

39 Was wäre, wenn wir vor nichts und niemandem Angst hätten?

Angst kennt jeder und keiner mag dieses Gefühl: Unser Körper spielt verrückt und reagiert mit schweißnassen Händen, zitternden Knien, pochendem Herzen und steifen Muskeln. Darauf könnten wir gerne verzichten.

Das Gegenteil von Angst jedoch will jeder haben: Mut. Am besten so mutig sein wie Pippi Langstrumpf, James Bond oder Spider-Man. Aber Mut kann schnell in Übermut und Leichtsinn umkippen. Und dann wird es gefährlich. Ohne Angst würden wir nämlich lauter unvorsichtige Sachen machen, uns schneller wehtun und letztendlich kürzer leben. Damit das nicht passiert, gibt es die Angst. Einige Ängste müssen wir erst im Laufe unseres Lebens erlernen. Andere wiederum haben wir von Geburt an, sie funktionieren schon bei Babys. Egal, ob angeboren oder erlernt: Die Angst beschützt uns.

Angeborene Ängste als Lebensretter

Viele Menschen haben zum Beispiel Angst vor Blut. Ihnen wird schon schlecht, wenn sie es nur sehen. Diese Angst schützt uns vor Verletzungen, oder anders gesagt: Die Angst hilft uns, besser auf uns und andere aufzupassen und zum Beispiel vorsichtig mit Messern umzugehen. Diese angeborenen »Beschützer-Ängste« sind also lebensrettend und sinnvoll.

Aber weil sich unser Leben geändert hat und ständig weiterentwickelt, können wir manche Ängste heute kaum mehr gebrauchen. Dazu gehört die Furcht vor der Dunkelheit. Früher war sie einmal lebensnotwendig. Unsere Vorfahren lebten ohne feste Häuser unter Raubtieren mitten in der Wildnis. Und wann war das am gefährlichsten? Genau, nachts, da konnte man die Tiere ja nicht sehen. Deshalb fürchten wir uns noch immer im Dunkeln, obwohl uns heute in Kellern oder in nächtlichen Schlafzimmern sicher keine wilden Tiere auflauern.

Erlernte Ängste als Alarmanlage

Es gibt aber auch Ängste, die erst im Laufe des Lebens entstehen. Dazu gehört zum Beispiel die Angst vorm Feuer. Stellt euch vor, ihr stündet vor einem Lagerfeuer und solltet heiße Kartoffeln herausholen. Hättet ihr nicht gelernt, dass man sich am Feuer verbrennen kann, würdet ihr einfach mit bloßen Händen in die Flammen greifen. Oder anders gesagt: Hättet ihr keine Furcht, autsch!, würdet ihr euch verbrennen. Kleine Kinder wissen das noch nicht und packen deshalb einfach in Kerzenflammen, auf glühende Herdplatten und in heiße Toaster. Wenn es aber einmal gelernt wurde, schaltet sich rechtzeitig vorher eine Alarmanlage in unserem Körper ein, nämlich die Angst. Sie beschützt uns davor, die Flammen anzufassen.

Ausschaltknopf für lästige Angst

Aber sicher fallen jedem von euch viele Situationen ein, in denen die Angst uns nicht beschützt, sondern nur bloßstellt und blockiert, also einfach lästig ist: bei Prüfungen oder beim Reden vor einer großen Klasse oder wenn man vor Spinnen erschrickt. Diese Art von Angst, die *Phobie*, belastet und kann im schlimmsten Fall sogar krank machen. Da wäre es doch toll, es gäbe einen Ausschalter wie an deinem Wecker.

So eine Art Aus-Taste gibt es tatsächlich für manche unangenehmen Ängste – nur sitzt sie nicht an irgendeinem Apparat, sondern in uns drin. Die Rettungsformel heißt: sich den Ängsten stellen. Das bedeutet, dass besonders ängstliche Menschen sich genau in die Situationen begeben müssen, in denen sie Angst verspüren. So machen die Ängstlichen die Erfahrung, dass gar nichts Schlimmes dabei passiert.

Alltagsängste lassen sich manchmal auch von ganz alleine überlisten – etwa beim Sprung von einem Fünf-Meter-Brett. Einfach springen, heißt hier der Mutmacher.

Angst kann auch Spaß machen

Angst beschützt und rettet uns nicht nur. In manchen, speziellen Situationen ist sie sogar ein richtiger Spaßmacher: Geisterbahn fahren, spannende Geschichten hören und Gruselfilme anschauen – was wäre das alles ohne die Angst?

Und was sagt ihr dazu?

Maxi und Christian, 10 Jahre, aus München:

Maxi: Wenn ich vor nichts Angst hätte, wäre das sehr schlecht, weil das Angstgefühl wichtig ist. Wenn du deinen Freunden beweisen wolltest, wie cool du bist, dann würdest du dich vielleicht vor ein Auto werfen, wenn du vor nichts mehr Angst hättest.
Christian: Es wäre schön, wenn ich keine Angst vorm Dunkeln hätte. Ich denke immer, da sind Räuber, wenn ich in den dunklen Keller gehe, um Getränke zu holen.

Vancouver
Portland
UNITED STATES
Chicago
St. Louis
Detroit
Dallas
Washington DC
Atlanta
ATLANTIC

40 Was wäre, wenn es keine Armut gäbe?

Zwei Kinder werden in den Wald geführt, ein Mädchen und ein Junge. Ihre Eltern habe nicht genug zu essen und wissen, wenn sie ihre Kinder nicht fortbringen, verhungern sie alle. Also werden Hänsel und Gretel von ihrem Vater tief im Wald zurückgelassen. Ob die Kinder dort überleben? Der Vater weiß es nicht, doch er ist so arm, dass er keinen anderen Ausweg sieht.

Wie wäre das für euch heute, wenn eure Eltern plötzlich beim Abendbrot die letzten Scheiben Brot unter allen verteilen und sagen: »Wir haben nichts mehr zu essen, Kinder, und auch kein Geld mehr, um einzukaufen. Ab morgen muss jeder sehen, wie er alleine klarkommt.« Was würdet ihr dann machen? Betteln, borgen, klauen oder euch im Wald verstecken?

Wer ist arm?

Arm sein ist kein Märchen – Armut ist Alltag, überall auf der Welt. In Deutschland wie in Afrika, in Indien wie in England, in Amerika wie in Russland. Kein Land der Erde ist frei davon, und doch ist arm sein in jedem Land anders.

In Indien überleben die Straßenkinder den Tag nur, wenn sie genug zu essen erbetteln oder stehlen. In Deutschland fühlt man sich vielleicht arm, wenn man keine Markenklamotten kaufen kann, in einer kleinen Wohnung lebt und kein Auto hat – aber kaum jemand muss bei uns Angst haben, zu verhungern oder zu verdursten.

Anders ist das bei Ramiro, Adolfo und Rosa, den drei Straßenkindern aus Bolivien. Sie haben keine Eltern und kein Zuhause. Sie leben auf der Straße, weil es für sie keinen anderen Ort gibt, an dem sie bleiben können. In den Nächten liegen sie zusammen unter einer Brücke und teilen ihr erbetteltes oder gestohlenes Essen. Wenn keiner etwas hat und sie den Hunger kaum aushalten, dann kochen sie sich einen Brei aus altem Zeitungspapier, vermischt mit ein bisschen Hühnerfutter oder Resten von der Müllkippe. Tags putzen sie für ein paar Cent die Scheiben der Autos, die an der Ampel stehen bleiben oder sie betteln die Leute in den Restaurants um ein wenig Essen an. Eine Schule kennen sie nicht. Sie haben kein Spielzeug, nur ihre Tüten. Aus denen schnüffeln sie Schusterleim. Der ist billig. Er wird in die Papiertüten gefüllt und dann stecken sie ihre Nasen in den giftigen Dampf und atmen ihn ein, bis sich alles in ihrem Kopf dreht, bis sie alles vergessen: die Kälte und den Hunger, die Angst und die Sehnsucht nach ihrer Mutter.

Ramiro, Adolfo und Rosa sind arm. So arm, dass sie nicht wissen, ob sie den nächsten Tag überleben.

Warum gibt es Armut?

Die meisten Menschen in Armut leben in den so genannten *Entwicklungsländern*. Etwa eine Milliarde Menschen sind sehr arm. Das sind unvorstellbar viele – nicht mal alle Leute Europas reichen aus, um auf eine Milliarde zu kommen. All diese Menschen haben weniger als einen Euro am Tag zum Leben. Und wer so arm ist, ist auch oft am Hungern. So gehen jeden Abend Millionen von Kindern hungrig ins Bett. Dabei gibt es bei uns Essen im Überfluss, das täglich im Müll landet. Wie einfach müsste es da eigentlich sein, alle satt zu bekommen. Doch weder Nahrung noch Wasser oder Geld sind auf der Erde gerecht verteilt. Wir haben von allem viel – arme Länder fast gar nichts. Aber warum?

Armsein hat viele Gründe und die Schuld tragen dabei selten die Menschen selbst. In einem Land ist es zu heiß und es gibt zu wenig Wasser, so dass nicht genügend Ackerbau betrieben werden kann, um alle satt zu bekommen. Oder schlimme Unwetter zerstören ganze Dörfer und vernichten die Ernte der Bauern. Im nächsten Land herrschen Krieg und Chaos, so dass die Menschen auf der Flucht sind und ihr Haus und ihre Arbeit zurücklassen müssen. Geldgierige Herrscher beuten dort die Menschen aus, bezahlen sie schlecht und kümmern sich nicht um ihr Volk. In wieder einem anderen Land sterben ganze Familien an schweren Krankheiten, denn für Medikamente, einen Arzt oder gar einen Krankenhausaufenthalt fehlt das Geld.

Was können wir dagegen tun?

Die reichen Länder der Erde, auch Deutschland, versuchen das Problem der Armut zu lösen. Dabei gibt es viele Möglichkeiten, vor Ort zu helfen: Brunnen werden gegraben, Felder angelegt, Kranke kostenlos behandelt. Und es werden Schulen für die Kinder gebaut. Denn wer lesen, schreiben und rechnen kann, hat später vielleicht eine Chance auf ein besseres Leben. Damit ist ein großes Ziel gesteckt, das die Armut vielleicht ein winziges Stückchen bekämpfen könnte. Bis 2015 soll dieses Recht auf Schule für alle Kinder weltweit durchgesetzt sein. Doch ob es gelingen wird, und wirklich für eine gerechtere Welt ohne Armut sorgen wird?

Es gibt eine sehr alte Geschichte, von einem König aus Asien, Midas genannt. Er hatte einen Wunsch frei. Also wünschte er sich, dass alles, was er berührt, zu Gold wird. Er sieht sich schon als reichen Mann. Doch die Tage vergehen und König Midas sitzt mitten in seinen Goldhaufen und wäre beinahe verhungert und verdurstet. Denn alles, wirklich alles in seinen Händen wurde zu Gold. Und Gold kann man nicht essen.

Für König Midas war das eine Lehre: Wer auch noch so viel Gold und Reichtum besitzt, dem kann es dennoch an Wichtigem fehlen. An Essen, wenn man es nicht für Gold kaufen kann. Aber auch an Liebe, an Freunden, an Glück – denn all das ist für kein Gold der Erde zu kaufen. Arm oder reich zu sein hat also nicht immer nur etwas mit Geld zu tun.

SOFT
Eis
KÄSE-
STADT

41 Was wäre, wenn euer Traumland Wirklichkeit würde?

Annika, 10 Jahre, aus Jockgrim:

In meinem Traumland legte ich mich in das hohe grüne Gras und genieße die warme Sonne. Danach würde ich aufstehen und unter dem Regenbogen ein Klubhaus bauen, und wenn ich dann mit dem Haus fertig wäre, würde ich mich am Anfang des Regenbogens festhalten und an den leuchtenden Farben hinunterrutschen. Unten lande ich auf einem Baum. Und in dem Baum ist ein Kessel mit purem Gold. Danach rutsche ich vom Baum hinunter und gehe in mein Haus unter dem Regenbogen. Ich lege mich in mein großes Blumenbett und schlafe ein. Am nächsten Morgen gehe ich zu meinem Gummibärchenbaum und frühstücke. Danach hüpfe ich Seil und es macht mir Spaß.

Franziska, 11 Jahre, aus Landau i.d. Pfalz:

Ich würde gerne im Kuscheltierland leben. Ich als einziger Mensch und sonst nur Kuscheltiere. Und so würde mein Leben dann aussehen: Die Stoffkatze Lilli weckt mich und bringt mir den Kakao ans Bett. Nach dem Frühstück ziehe ich mich an und fahre mit meinem Nachbarn Alfredo Affe zur Schule. Uhu-Oma winkt uns aus dem Fenster nach. In der Schule ist es toll. Es gibt keine Noten und keine Zeugnisse. Im Unterricht spielen wir viel. Um 12 Uhr ist die

Schule aus. Nach der Schule fahre ich mit Alfredo Affe wieder heim. Zu Hause wartet schon Mama Affe auf uns. Nach dem Mittagessen spiele ich mit meiner Freundin, dem Plüschpferd Paula. Am Abend essen alle Kuscheltiere zusammen. Es wird viel gelacht, erzählt und natürlich auch gekuschelt. Das war mein Kuschtierleben.

Sascha, 10 Jahre, aus Landau i.d. Pfalz:

Ich wünschte, dass die Welt ein Schlaraffenland wäre. Dann wäre jedes Haus aus Zucker und wir würden alle nur Apfelsaft und Traubensaft trinken. Aber es gäbe auch andere Säfte. Der Fluss wäre aus Honig. Die Fische sind Gummibärchen und das Essen ist zuckersüß. Die Bäume und Brunnen sind aus Zuckerwatte. Wir müssten auch nicht in die Schule gehen und dürften immer ausschlafen. Die Betten wären aus Zucker, die Matratzen aus Zuckerwatte und die Bettlaken aus Marzipan. Wir dürften sogar unsere Betten essen, aber nur die Matratzen und Bettlaken. Wäre alles gegessen, können wir einfach neue Matratzen und Laken holen, ohne zu bezahlen. Die Stühle sind aus Marzipan und Zucker. Aber es sollte auch Zahnbürsten geben und auch manchmal richtiges Essen.

Die ist WUNDER-SCHÖN
Der ist SO SCHÖ

42 Was wäre, wenn wir Gedanken lesen könnten?

In einer Zaubershow fordert der Zauberer ein Kind auf, sich eine ganz bestimmte Zahl auszudenken. Der Junge konzentriert sich auf die 15. Kaum gedacht, spricht der Zauberer schon die richtige Zahl vorm Publikum laut aus. Volltreffer – alle sind überrascht und klatschen. Wie kann der Magier die Gedanken lesen? Gar nicht! Das ist ein Zaubertrick, den er gelernt hat und den jeder lernen kann. Aber wie ihr wisst, verraten Zauberer niemals ihre Geheimnisse ... Mit Gedankenlesen oder Hellsehen hat das jedenfalls nichts zu tun. Was es aber gibt, sind Wissenschaftler, die bestimmte Gedanken im Gehirn erkennen und so ähnlich wie Buchstaben »lesen« können.

Was sind Gedanken überhaupt?

Eigentlich sind Gedanken unsichtbar. Sie erscheinen weder auf der Stirn noch auf der Nasenspitze. In unseren Zimmern schwirren sie auch nicht wie Mücken herum. Selbst die sogenannten »Geistesblitze« können wir nicht sehen oder einfangen. Hören können wir sie auch nicht. Zum Glück! Denn stellt euch einmal vor, in einer Schulklasse mit 25 Kindern würde jeder einzelne Gedanke eines jeden einzelnen Schülers automatisch ein Geräusch von sich geben. Der eine denkt gerade an sein Pausenbrot, der andere ans

Turnen, der nächste an sein Haustier, andere wiederum grübeln über der Rechenaufgabe und so weiter … was für ein Lärm!

Alle Gedanken entstehen im Gehirn, die meisten im Großhirn: ob wir in Bildern denken, wie etwa bei Träumen, oder uns Dinge vorstellen, die mit Bewegung zu tun haben, oder an Gefühle denken. Gedanken sind elektrische Ströme. Über diese Ströme unterhalten sich alle *Nervenzellen* miteinander. Jeder Sinneseindruck von außen kommt im Gehirn als ein Signal bei mehreren Nervenzellen gleichzeitig an. Dadurch werden Tausende von Zellen aktiv. Die Hirnforscher sagen dazu: Die Nervenzellen »feuern«. Damit meinen sie, die Zellen arbeiten und geben einander in null Komma nichts Informationen weiter. Normalerweise passiert das alles im Verborgenen.

Hirnforscher können im Gehirn lesen

Mit speziellen Geräten und einem Computer gelingt es Forschern, die unsichtbaren Gedanken sichtbar werden zu lassen. Sie schauen mit den Geräten in das Gehirn hinein, als wäre es so durchsichtig wie Glas. Sehen können sie dabei zwar keine Wörter oder Buchstaben, aber Muster, die sie entschlüsseln müssen. Jeder einzelne Gedanke hinterlässt dabei ein eigenes, unverwechselbares Muster, eine Art Abdruck. Wie ein Fingerabdruck etwas über eine Person verrät, so offenbart ein Gedankenabdruck im Gehirn auch etwas über das, was gerade gedacht wird. Allerdings braucht es den Spezialisten, der das Muster auch erkennen und deuten kann. Zu erkennen ist zunächst einmal, wie und an welchen Stellen sich der Sauerstoffgehalt verändert. Zellen, die betroffen sind bei einem Gedanken, nehmen nämlich mehr Sauerstoff auf als ruhende Zellen. Auf den Fotos, die vom Gehirn entstehen, leuchten diese Stellen im Gehirn mit den fleißigen Zellen dann rot und gelb. Die Wissenschaftler sehen deswegen aber nicht gleich, *was* genau gedacht wird. Doch welche Zellen bei einem bestimmten Gedanken arbeiten und wo diese Zellen im Hirn wohnen, das erkennen die Forscher sehr wohl. So erreichen Gedanken, die etwas mit Bildern zu tun haben, zum Beispiel immer dieselben Zellen an denselben Stellen im Großhirn. Alle Gedanken, die etwas mit Sport und Bewegung zu tun haben, kommen in anderen Bereichen an. Für Gefühle sind wiederum ganz andere Zellen zuständig und so weiter. Die Forscher können so auf den Fotos erkennen, ob die Versuchsperson gerade an Essen, an Sport oder an Gefühle denkt.

Aber deswegen weiß doch noch niemand, ob man sich gerade aufs Fahrradfahren, aufs Rudern oder aufs Balletttanzen konzentriert, meint ihr jetzt. Doch, sogar das können Hirnforscher wahrnehmen, oder zumindest, ob der Sport mehr mit den Beinen wie Fahrradfahren oder eher mit den Händen wie Volleyball zu tun hat.

Und genau davor haben manche Menschen Angst: Was, wenn eine fremde Person an unseren Hirnströmen ablesen kann, ob wir lügen oder nicht? Das Gedankenlesen bei Terroristen und Kriminellen als eine Art Lügendetektor einzusetzen, darüber wird wirklich schon nachgedacht (mehr dazu im Kapitel *Was wäre, wenn Lügner lange Nasen bekämen?*, S. 31).

Können wir Gefühle lesen und gibt es Gedankenübertragung?

Spannend und sogar unheimlich erscheint uns manchmal in ganz normalen Alltagssituationen etwas anderes. Wenn wir beispielsweise an einen guten Freund denken, fühlen wir dabei auch immer etwas. Ruft dieser Freund genau in dem Moment an, in dem an ihn gedacht wird, so sprechen einige Menschen von Gedankenübertragung oder Gefühlsübertragung. Einige von uns haben ein besseres Gespür dafür als andere. Aber ob wir tatsächlich Gedanken lesen können oder ob Gedankenübertragung nicht einfach reiner Zufall ist, können wir nicht beweisen. Die meisten Wissenschaftler erklären so eine Situation mit der Wahrscheinlichkeitsrechnung. Bei dicken Freunden passiert das Aneinanderdenken eben häufiger als bei Menschen, die sich kaum kennen, und so rufen sie sich auch öfter an.

Könnten wir aber tatsächlich Gedanken einfach so wie Sätze lesen, ohne Hilfsmittel: Wie schade wäre das bei Geburtstagsgeschenken und anderen Überraschungen, wie peinlich in Situationen, in denen wir unfreundliche Gedanken haben, wie praktisch beim Angelogenwerden, den Lügner gleich zu ertappen … Wie immer wir das auch fänden, eines steht fest: Geheimnisse gäbe es keine mehr!

Kaum zu glauben:

Mit dem Gedankenlesen wollen die Wissenschaftler vor allem Menschen helfen, die körperlich behindert sind. Hat jemand zum Beispiel ein Bein verloren, kann er dann nur mittels Gedankenkraft sein künstliches Bein, *Prothese* genannt, alleine steuern. Bei Affen hat man das schon mit Armprothesen getestet – mit großem Erfolg. Die Forscher haben dem Gehirn Signale gesendet, und zwar genau in den Bereich, in dem normalerweise die Gedanken ankommen, die etwas mit Bewegung zu tun haben. Den Affen ist es gelungen, sich selbst mit Hilfe der Prothesen zu füttern, als wäre es ihr eigener Arm.

43 Was wäre, wenn wir keine Fehler machen würden?

Nie mehr Autounfälle, keine zerschlagenen Teller, keine verpatzte Klassenarbeit. Einfach nie mehr ein Fehler, auch kein klitzekleiner. Wäre das die perfekte Welt?

Vermutlich nein, denn so lästig und gefährlich Fehler sein können, sie haben eine wichtige Aufgabe für unser Leben. Ohne Fehler könnten wir nicht lernen. Denn wer weiß schon, was »richtig« bedeutet, wenn er nie einen Fehler macht?

Ihr wisst sicher, was man zu Kleinkindern immer sagt: »Achtung, der Ofen ist heiß, nicht anfassen.« Aber die kleinen Weltentdecker kümmert das wenig, bis sie dann tatsächlich einmal die heiße Ofenscheibe anfassen und sich die Hand verbrennen. Das ist ein Fehler! Zudem einer, den man nie mehr vergisst und der, wenn auch schmerzhaft, viel bewirkt. Denn unser Gehirn hat die Rückmeldung bekommen: »Achtung, der heiße Herd ist gefährlich und tut weh!« Und den Fehler begeht man bestimmt kein zweites Mal.

So wichtig und lehrreich Fehler also sein können, irgendwie passen sie uns dennoch nicht. Wir schämen uns für sie, wir haben Angst vor ihnen oder wir müssen sie anderen verzeihen. »Irren ist menschlich«, trösten wir uns dann. Und nicht nur das, auch in der Natur und im Tierreich passieren Fehler, tagtäglich, große und kleine. Manche bemerken nur wir, andere können für die gesamte Menschheit zur Bedrohung werden.

Fehler sind eben vielfältig – und manchmal auch recht komisch, wie zum Beispiel das Experiment von Konrad Lorenz und seinen Gänsen.

Die falsche Mutter – wenn Tiere Fehler machen

Konrad Lorenz war Forscher, er beobachtete Tiere und ihr Verhalten. Eines Tages nun saß er vor den verschlossenen Gänseeiern und wartete auf die Küken, die nun bald schlüpfen sollten. Knack, knack machte es wenig später und heraus kamen die kleinen Tierchen. Tapsig und auf der Suche nach ihrer Mutter irrten sie umher. Doch keine Gänsemutter war weit und breit zu sehen. Nur Konrad, der vor den Kleinen hockte und sie mit »Kommt, kommt« lockte.

Und stellt euch vor, nach einiger Zeit watschelten die Gänsekinder tatsächlich Konrad hinterher. Sie hatten ihn als neue Mutter angenommen. Ein Mann als Gänsemutter – was für ein Irrtum. Aber die Küken kümmerte dieser schwerwiegende Fehler wenig, sie erfreuten sich an Konrad, als wäre er ein Federvieh. Dass es sich da eigentlich um die falsche Mutter handelte, merkten sie nicht einmal. Denn alles, was Gänseküken etwa zwölf Stunden nach der Geburt sehen oder hören, wird als Mutter angenommen. Selbst einen Ball mit eingebautem Lautsprecher legte Konrad zu den Gänseküken und die frisch geschlüpften Küken akzeptierten freudig auch diese falsche Mutter. Und denk nur nicht, dass die Gänse vielleicht nach einiger Zeit ihren Fehler bemerkt hätten. Nein, was einmal als Mutter angenommen wurde, ist für immer die Mutter, auch wenn es nur ein Ball ist.

Vielleicht kommt daher auch der Spruch: »Du dumme Gans«!

Der gute Fehler

In unserer Welt ohne Fehler wären wir zwar perfekt, aber wir müssten auch auf vieles verzichten. Nicht nur auf komische Versprecher oder missglückte Fußballspiele. Denkt nur, selbst die Entdeckung Amerikas war ja letztlich ein riesiger Fehler von Kolumbus und seiner Mannschaft. Sie wollten nach Indien segeln und haben dabei Amerika entdeckt. Ganz schön falsch gefahren! Viele Entdeckungen und Erfindungen hätte es nie gegeben, wäre ihnen nicht ein Fehler vorausgegangen.

Und wie ist es mit uns Menschen – sind wir nicht auch durch einen glücklichen Fehler entstanden? Ein Affen-Gen hat sich verändert, ist mutiert, wie die Forscher sagen, und aus dem Affen wurde der Mensch.

Kaum zu glauben:

Schmeckbare Fehler passieren in der Küche. Da nimmt der Koch aus Versehen eine Prise zu viel Salz und schon ist die ganze Suppe verdorben. Oder wie die Geschichte vom Hofkoch des österreichischen Kaisers Franz Joseph erzählt: Immer wenn dem Koch die geliebten Eierkuchen des Kaisers misslangen, mal zu dick wurden oder gar zerrissen, schrie der Koch voll Wut: »A Schmarrn des am Kaiser zu servieren.« Und was ist aus den »fehlerhaften« Eierkuchen geworden? Der leckere Kaiserschmarrn.

gROßeS glück
10000 kg
kleineS glück

44 Was wäre, wenn wir unser Glück am Kiosk kaufen könnten?

Alex: »Hallo, guten Tag, eine Dose Glück, bitte!«
Verkäufer: »Ja, welches Glück meinst du denn? Das kurze für die heutige Mathearbeit, das Glück für die Liebe oder vielleicht das Glück für dein ganzes Leben? Ich habe hier so viele verschiedene Dosen Glück.«

Das Glück einfach so wie Getränke, Kaugummis oder Comicheftchen morgens vor der Schule am Kiosk zu kaufen – hört sich gut an! Ihr könntet es in euren Schulranzen packen und gleich mit in den Unterricht nehmen. Am besten würdet ihr euch sofort mit mehreren Dosen davon ausstatten, um einen Vorrat für die ganze Woche, den ganzen Monat oder das ganze Jahr zu haben. Aber, welche Art von Glück denn?

Was ist Glück überhaupt?

Alle wissen: Glück ist ein Gefühl, und zwar ein angenehmes. Manchmal spüren wir es als Kribbeln im Bauch wie etwa beim Achterbahnfahren oder Verliebtsein. Oder denkt nur einmal daran, wie ihr euch fühlt, wenn ihr einen Sportwettkampf gewonnen oder einen Auftritt vor Publikum geschafft habt. Erinnert euch an Weihnachten, wenn der Baum mit den Kerzen vor euch leuchtet und die bunten

Geschenke im Zimmer ausgebreitet sind? Bekommt ihr da eine Gänsehaut? Vielleicht macht euch auch der Urlaub am Meer oder der Besuch von euren Großeltern besonders glücklich? Diese »lebendigen Glücksbringer« können wir nicht einfach am Kiosk kaufen. Das Glück hat viele Gesichter und bedeutet für jeden etwas anderes.

Auf der Suche nach dem Glück

In einer Schule in Heidelberg haben die Schüler Glück: Nicht nur Mathe, Deutsch und andere normale Fächer stehen auf dem Stundenplan, sondern sie werden auch im Fach Glück unterrichtet. Denn Glücklichsein kann man lernen, meint der Direktor der Schule. Schon Fünftklässler spielen Glücksdetektive und sollen herausfinden, was sie brauchen zum Glücklichsein. Ist das Glück beim Klettern im Klettergarten, beim Essen von leckeren Äpfeln auf dem Bauernhof oder bei Rollenspielen im Klassenzimmer zu spüren?

Die Schüler probieren verschiedene Übungen aus und machen dabei neue Erfahrungen mit sich und den Mitschülern, angeleitet von Theaterleuten, Psychologen und Lehrern. Die Kinder können so lernen, besser auf sich und auf alles zu achten, sie können erfahren, welche Fähigkeiten sie haben, und sind dadurch zufriedener. Eine Übung geht zum Beispiel so:

Ein Schüler, nennen wir ihn Tobias, setzt sich mit dem Rücken zur Klasse. Er zählt nun nacheinander Eigenschaften auf, die er an sich nicht so mag, wie etwa: »Ich bin oberflächlich.« Seine Klasse formuliert für Tobias daraus

»Du hast viele verschiedene Interessen und beschäftigst dich mit vielen Dingen.« Und so erfährt Tobias, dass andere ihn anders beschreiben und wahrnehmen als er sich selbst. So können aus negativen Eigenschaften positivere werden und Tobias lernt sich mit der Zeit bestenfalls besser kennen und annehmen. Daraus erwächst dann eine Grundzufriedenheit, eine Art von Glück.

Die Schüler schreiben sogar Arbeiten und bekommen Noten im Fach Glück. Natürlich wird dabei nicht bewertet, wie glücklich die Kinder sind. Denn das Glücklichsein lässt sich nicht beurteilen. Wie auch? Schließlich kann man es ja nicht messen, ein Glücksthermometer gibt es nicht.

Oder doch? Die Schüler kommen seitdem besser miteinander klar und haben mehr Freude am Lernen. Also, dieses Glück kann wohl wie eine Fremdsprache gelernt und trainiert werden.

Was passiert beim Glücklichsein im Körper?

Glück empfinden wir erst dann, wenn in der linken Hirnhälfte etwas passiert. Hier werden *Glückshormone* hergestellt, die direkt in die Blutbahn gelangen. Zwei Stoffe sorgen dabei vor allem für gute Gefühle: *Dopamin und Serotonin* heißen sie. Das Ganze läuft automatisch ab, wir können es nicht steuern. Aber ein bisschen können wir unser Gehirn anspornen, mehr von diesen Hormonen herzustellen. Sport zum Beispiel hebt die Laune. Auch beim Lachen schüttet das Gehirn mehr von den beiden Glücksstoffen aus und verteilt sie im Körper. Deshalb steigt nach dem Sport oder nach einem ausgiebigen Lachanfall die

Stimmung noch einmal mehr. Wer glücklich und zufrieden ist, lebt übrigens länger und bleibt gesünder, weil das Abwehrsystem stärker ist.

Achtung: Das heißt aber nicht, dass wir immer glücklicher werden, je mehr Dopamin und Serotonin unser Körper herstellt. Versuchen wir selbst, unser Glücksempfinden zu steigern, indem wir also noch mehr und öfter Sport machen, und übertreiben total, dann reagiert der Körper mit Erschöpfung und Müdigkeit. Das Gegenteil von Glück tritt ein.

So ähnlich ist das auch beim Essen von Schokolade, also beim gekauften Glück. In Schokolade sind Stoffe, die uns glücklich machen. Aber futtern wir jetzt jeden Tag ein bis zwei Tafeln Schokolade und denken, je mehr wir davon essen, desto besser geht es uns? Pustekuchen! Denn wir werden dick und träge und irgendwann unglücklich. Auf die richtige Menge kommt es bei diesem Glück also an.

Wenn das Glück kommt, muss man ihm einen Stuhl hinstellen ...

... heißt ein Kinderbuch. Dieses Glück fliegt einem einfach zu, ohne dass man sich vorher anstrengen und etwas dafü tun muss. Schließlich gibt es ja einige Dinge, die wir nich beeinflussen können, zum Beispiel in welche Familie wi geboren werden oder ob wir gesund sind. Aber wie lässt e sich denn festhalten?

In Dosen, Schachteln oder Kartons kann man es woh kaum einsperren. Aufbewahren können wir uns aber di

Erinnerungen an verschiedene Glücksmomente in unserem Leben. Wie auch immer euer Glück aussieht, klar ist: Das Glück lacht euch aus vielen verschiedenen Gesichtern entgegen, und es hat viele verschiedene Formen und Stimmen.

Kaum zu glauben:

Schweine bringen Glück: In vielen Ländern steht das Schwein für Reichtum. Im Mittelalter hieß es bei uns: Wer ein Schwein besitzt, ist reich. Denn seine vielen Ferkel konnte man teuer weiterverkaufen.

Schornsteinfeger als Glücksboten: Angeblich soll es schon reichen, wenn man ihm mitten auf der Straße begegnet. Denn Kaminkehrer fegen den Ruß, der auch Pech genannt wurde, aus den Schornsteinen.

Vierblättriges Kleeblatt als Glücksbringer: Das funktioniert aber nur, wenn man es zufällig findet und verschenkt.

1 Puppenhaus
1 Barbiepferd
1 Hund
dass meine Eltern sich nicht streiten!
1 Playstation
1 Mountainbike
1 Paar Schuhe
gute Freunde
dass die Sonne IMMER scheint

dass meine kranke Oma nicht stirbt
1 Armbanduhr
1 Reiterhelm
Schauspielerin
Pferdebuch

1 echte Angel mit Haken und Köder
1 Schmink-koffer
neues Fahrrad

45 Was wäre, wenn alle unsere Wünsche in Erfüllung gehen würden?

Ich wünsche mir:
ein Puppenhaus,
ein Barbiepferd,
einen Hund,
dass meine Eltern sich nicht scheiden lassen,
eine Playstation,
ein Montainbike,
dass meine kranke Oma nicht stirbt,
ein paar Schuhe,
gute Freunde,
dass die Sonne immer scheint,
ganz viele Süßigkeiten,
dass ich endlich in die Schule komme,
dass ich später Schauspielerin werde
und ganz reich bin,
eine echte Angel mit Haken und Ködern,
eine Armbanduhr,
einen Reiterhelm,
ein Computerspiel,
ein Pferdebuch,
dass es keinen Krieg mehr gibt,
dass keine Tiere mehr im Tierheim leben müssen,

dass es keine Autos mehr gibt und
wir nur noch mit Pferden reiten,
ein neues Kleid mit Glitzer,
einen Lenk-Drachen,
einen Zauberkasten ... und so vieles mehr.

Kommt euch das bekannt vor? Tausend Wünsche haben wir, kleine und große. Und immer wieder neue. Unser ganzes Leben begleiten sie uns, die Wünsche. Die erfüllten vergessen wir. Die unerfüllten lassen uns immer weiter hoffen, dass sie eines Tages doch noch wahr werden. Ja, wir alle leben in einer großen Wunschwelt, denn Wünsche sind wie Träume, man kann nie genug davon haben. Wir wünschen uns Spielzeug und Geld, aber auch Gesundheit und Freude, denn Wünsche sind nicht immer einfach im Laden zu kaufen, manchmal sind sie mehr ein Gefühl, das uns begleitet und nach dem wir uns sehnen. Und so wünschen sich alle Menschen immer wieder etwas, egal ob sie in Alaska oder Südafrika, in Argentinien oder Sibirien wohnen. Wären wir plötzlich wunschlos, weil sich jeder Wunsch erfüllt, so würde uns etwas fehlen. Die Vorfreude, das Hoffen und Bangen, die Enttäuschung oder aber auch das große Glück.

Vielleicht ist es ja so: Wenn alle unsere Wünsche immer in Erfüllung gingen, dann würde uns mit der Zeit das Glück verloren gehen. Lasst uns also weiter wünschen, so wie Philipp, Amina und Alexandra, die euch von ihren Wünschen erzählen:

Philipp aus Deutschland, 9 Jahre:

Hallo, ich bin Philipp und ich wünsche mir jetzt schon seit zwei Jahren einen eigenen Hund. Erst habe ich meinen Wunsch dem Christkind aufgeschrieben, aber nichts ist passiert. Dann habe ich meinen Eltern und meiner Oma von meinem Wunsch erzählt, zum Geburtstag, zu Weihnachten und zu Ostern, also bei jeder Gelegenheit. Aber die meinten immer nur, dass man so einen Wunsch nicht so schnell erfüllen kann. Weil da viel zu beachten ist bei einem eigenen Tier. Da muss man Verantwortung übernehmen und braucht Zeit zum Spazierengehen und Geld für das Futter und all so was. »Ja«, habe ich gesagt, »ich mach das schon«, aber meine Eltern wollten mir dann ein Meerschweinchen schenken, weil das besser für mich und unsere Wohnung wäre. Wie kann man aus einem Hundewunsch ein Meerschweinchen machen?

Jetzt habe ich entschieden, wenn ich groß bin, kaufe ich mir selbst einen Hund.

Amina aus Ägypten, 12 Jahre:

Ihr wollt wissen, was ich mir wünsche? Das ist bei uns nicht so einfach, denn wir feiern eigentlich gar nicht richtig Weihnachten oder Geburtstag wie ihr, mit Geschenken und Freunden. Zum Geburtstag gibt es nur einen Kuchen – und den muss man sich nicht wünschen. Nur die ganz Reichen hier in Kairo, wie meine Freundin Zeina, die feiern Riesenfeste. Und da können sich die Kinder alles wünschen, was sie wollen, denn ihre Eltern bezahlen ihnen einfach alles.

Erst mal dürfen sie so viele Freunde einladen wie sie wollen. Bei Zeina waren es 50 Kinder. Das Essen wurde von einem Restaurant gebracht und es gab Riesentorten mit Wunderkerzen, Konfetti-Regen und Schnee-Spray. Es gab auch eine Hüpfburg als Prinzessinnenschloss und für die Jungs kleine Autos, mit denen man richtig rumfahren konnte und Wettrennen veranstaltet wurden. Bei Zeinas Fest konnte man sich aber auch verkleiden und schminken lassen. Es gab einen Zauberer und eine Hundedressur mit zehn kleinen, weißen Hündchen.

Ich kann mir so ein Fest nicht wünschen, das wäre für meine Eltern viel zu teuer. Bei uns zu Hause gibt es nur das »Fest des Fastenbrechens« am Ende des Ramadan, dann bekommen wir alle neue Kleider. Und unsere Verwandten schenken uns Geld, ganz neue, frische Geldscheine, die wir dann beim Fest ausgeben können, fürs Eselreiten und die Karussels. Wenn ich mir etwas wünschen könnte, wäre das ein weißes Barbiepferd mit rosa Mähne.

Alexandra aus Rumänien, 8 Jahre:

Meine größter Wunsch ist eine Puppe. Ich wünsche mir schon so lange eine Puppe, und weil meine Eltern kein Geld haben, um eine zu kaufen, war ich schon ganz unglücklich. Wir sind Zigeuner und haben nur eine kleine Lehmhütte mit einem Raum, da ist für mich und meine acht Geschwister gar kein Platz zum Spielen, selbst wenn wir Spielzeug hätten.

Aber im letzten Winter ist mein Wunsch in Erfüllung gegangen. Es war an Weihnachten, am Heiligen Abend. Da gehen wir Kinder, wenn es dunkel geworden ist, von Tür zu Tür durch die Dörfer und singen Weihnachtslieder. Und dann bekommen wir Geschenke von den Leuten. Manchmal Geld oder abgelegte Kleider und Schuhe, Stifte, die wir für die Schule nehmen können. Aber ich bekam eine Puppe. Eine Puppe für mich allein. Mit blonden langen Locken und einem roten Blumenkleid.

Das war das Schönste! Jetzt habe ich keinen Wunsch mehr.

Kaum zu glauben:

In Italien wünschen sich die Schulkinder vor Klassenarbeiten und Prüfungen: »In bocca al lupo«. Was so viel heißt wie: »Im Maul des Wolfs«. Bei uns würde man wohl »Hals- und Beinbruch« sagen. Als Antwort wird es dann in Italien noch blutrünstiger: »Crepi il lupo« – »Der Wolf soll sterben.« Man wünscht sich also ganz viel Schlechtes, damit gerade das nicht passiert. Ganz logisch?!

In Ägypten sagt man über ein neugeborenes Kind: »Huwa wahsch«. Das heißt übersetzt: »Oje, ist das hässlich«. Damit soll der böse Blick der Neider abgewendet werden. Wenn jemand sagen würde: »Ach, ist das süß«, könnte jemand es beneiden und ihm schaden. Also sind alle Babys in Ägypten ernst mal gaaaaaaaaaaaanz hässlich.

Pfeffrige Wünsche gibt es in Schweden: »Peppar, Peppar!«, »Pfeffer, Pfeffer!« rufen die schwedischen Kinder, wenn sie etwas Schlimmes verhindern wollen. Denn die Sage erzählt, dass scharfe Gewürze finstere Mächte und böse Geister vertreiben helfen.

VI
Vom Verrätseln bis zum Enträtseln – jetzt seid ihr dran!

Was wäre, wenn ihr alles spiegelverkehrt lesen müsstet?

Rebeil Mit,
hci ethcöm hcid znag hcilzreh uz meniem Gatstrubeg nedalnie, ma .1 Tsugua. Red Reigam Xoileh tah niem Hcubrebuaz tualkeg. Tsflih ud rim mieb Nehcus? Riw neffert snu negrom mu 51 Rhu ieb red Ethcif ma Ztalpllirg.
Nied Nahtanoj

An welchem Ort treffen sich die beiden Freunde?

LÖSUNG: Bei der Fichte am Grillplatz

Was wäre, wenn ihr nur die Füße von Tieren sehen könntet?

Erkennt ihr die dazugehörigen Tiere trotzdem?

Du brauchst vom ersten Bild den 2. Buchstaben, vom zweiten Bild den 5. und den 2. Buchstaben, vom dritten Bild den 5. Buchstaben und vom vierten Bild den 5. Buchstaben.

ÖSUNG: Bild 1: Pferd, Bild 2: Elefant, Bild 3: Vogel,
ild 4: Schwein

ösungswort: FALLE

Was wäre, wenn ihr euch auf Schatzsuche durch dieses Labyrinth begeben müsstet?

Welcher Weg führt zum Rieseneis?

Was wäre, wenn ihr ein Superhirn hättet und alle Fragen beantworten könntet?

Frage 1: Welche Kraft sorgt dafür, dass der Mond nicht auf die Erde fällt?

Frage 2: Wie heißt eine bekannte internationale Plansprache?

Frage 3: Womit atmen Insekten?

Frage 4: Welches Land wollte Kolumbus eigentlich entdecken?

Frage 5: Welches chemische Zaubermittel brauchen die Wettermacher, um Wolken abregnen zu lassen?

Frage 6: Wie lange dauerte die allerkälteste Eiszeit?

Lösung Frage 1: FLIEHKRAFT

Lösung Frage 2: ESPERANTO

Lösung Frage 3: TRACHEEN

Lösung Frage 4: INDIEN

Lösung Frage 5: SILBERJODID

Lösung Frage 6: 10 MILLIONEN JAHRE

Was wäre, wenn ihr euch nur mit Zeichen unterhalten könntet?

Die Gebärdensprache, die Gehörlose benutzen, um sich zu verständigen, besteht aus verschiedenen Zeichen. Sie werden mit den Händen gemacht. Diesen Satz könnt ihr ja mal in der Gebärdensprache lernen und euch mit eurer besten Freundin oder eurem besten Freund austauschen. Sicher habt ihr auch viele Ideen, aus welchen Zeichen eure eigene Geheimsprache bestehen soll.

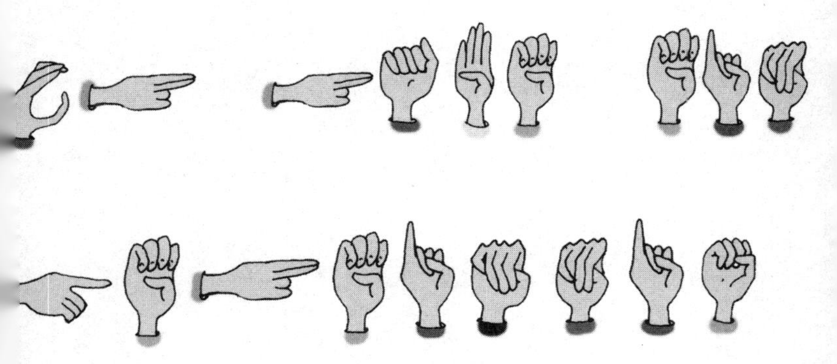

Lösung: Ich habe ein Geheimnis.

Was wäre, wenn ihr euch eure eigene Sonnenuhr bauen könntet?

Es geht ganz einfach, ihr braucht:
1 Blumentopf
Sand zum Einfüllen
1 dünnen Stab oder Stock
etwas Farbe, 1 Pinsel, 1 Kompass und natürlich Sonne!

Füllt zuerst den Sand in den Blumentopf und steckt den Stab genau in die Mitte. Schreibt auf der einen Topfrandseite außen ein S für Süden und auf der gegenüberliegenden Seite ein N für Norden. Richtet dann mit dem Kompass die Sonnenuhr aus. Und schon könnt ihr, mit ein bisschen Geduld, die Zeit ablesen.

Beobachtet im Laufe des Tages den Schatten, den der Stab auf den Sand wirft, zum Beispiel morgens nach dem Aufstehen oder mittags beim Mittagessen, denn er verändert sich je nach dem Sonnenstand. Ist der Schatten am längsten, wisst ihr, dass es 12 Uhr sein muss, weil die Sonne um diese Zeit am höchsten steht. Ab 12 Uhr wird der Schatten wieder kürzer, bis er ganz verschwindet.

Expertenliste

Prof. Werner Aeschbach-Hertig
Arbeitsgruppe Grundwasser und Paläoklima
Institut für Umweltphysik, Universität Heidelberg

Kerstin Bandsom
Referentin Zentrale Information
Deutsche Welthungerhilfe e.V., Bonn

Genpo Döring
Spiritueller Leiter im Zen-Buddhismus, München

Anette Eckrich
Biologielehrerin, Neustadt a.d. Weinstraße

Dipl.-Ing. Gerhard Filchner
Leiter der Flugwerft Schleißheim

Prof. Dr. Karlheinz A. Geißler
Professor für Wirtschaftspädagogik/Zeitforscher, München

Prof. Dr. Christoph Helmstaedter
Bereich Neuropsychologie
Universitätsklinik für Epileptologie, Bonn

Dr. rer. nat. Holger Stefan Janzer
Institut für Theoretische Physik, Universität Ulm
Arbeitsgruppe Kosmologie und Quantengravitation

Dr. Gunther Karsten
Gedächtnisweltmeister 2007, Erfurt

Nico Koppo
Historiker und Politikwissenschaftler, Leipzig

Dr. Dr. rer. nat. Walter von Lucadou
Physiker und Psychologe
Leiter der Parapsychologischen Beratungsstelle, Freiburg

Petra Meit
Museumspädagogisches Zentrum Würzburg, Mainfränkisches Museum

Frank Melzner
Leibniz-Institut für Meereswissenschaften, Kiel

Dr. Jürgen Nantke
Stationsleiter/Arzt, Neumayer-Station Antarktis
Alfred-Wegener-Institut für Polar- und Meeresforschung
Hamburg

Dr. Petra Rettberg
Institut für Luft- und Raumfahrtmedizin, Köln

Prof. Dr. Stefan Rinke
Lateinamerika-Institut, Freie Universität Berlin

Dr. Petra Ritter
Neurologin, Bernstein Center for Computational Neuroscience Berlin & Berlin Neuroimaging Center, Klinik für Neurologie, Charité

Esther Saoub
Hörfunkkorrespondentin ARD-Studio, Kairo

Frank Schellhardt
Bereichsleiter Menschenaffen, Zoo Leipzig

Pater Bernhard Scheloske
Seelsorger bei den Pallottinern, Wiesbaden

Prof. Dr. Wilhelm Schmid
Freier Philosoph, Berlin

Dr. Bruno Schoch
Philosoph und Friedensforscher
Hessische Stiftung Friedens- und Konfliktforschung, Frankfurt

Prof. Dr. Wolfgang Schulze
Sprachwissenschaftler, Institut für Allgemeine und Typologische Sprachwissenschaft
Ludwig-Maximilians-Universität München

Ralf Spicker
Kurator für Maschinenbau, Deutsches Museum, München

Martina Streng
Politikwissenschaftlerin und Ethnologin, Leipzig

Ruth-Andrea Wendebourg
Religionspädagogin, München

Dr. Doreen Werner
Leibniz-Zentrum für Agrarlandschaftsforschung e.V.
Deutsches Entomologisches Institut, Müncheberg

Prof. Dr. med. Dipl.-Psych. Michael H. Wiegand
Leiter des Schlafmedizinischen Zentrums an der Poliklinik für Psychiatrie und Psychotherapie der TU München

Dr. Gerhard Winter
Biologe, Leiter der Museumspädagogik im Senckenberg-Museum, Frankfurt